CONTROCORRENTE

78

IL LIBRO CHE NON TI FAREBBERO MAI LEGGERE

Prima edizione: novembre 2010

Roma, Casella postale 6214

ISBN 978-88-541-2264-2

www.newtoncompton.com

Stampato nel novembre 2010 da Puntoweb s.r.l., Ariccia (Roma)

Eleonora Bianchini

Il libro che la Lega Nord non ti farebbe mai leggere

Prefazione di Ferruccio Pinotti

Newton Compton editori

A Giovanni

Prefazione

La Lega Nord è un fenomeno di grande interesse, ma anche un enigma da decifrare, una domanda irrisolta, una questione che pone interrogativi analitici ma soprattutto domande pressanti riguardo al presente e all'immediato futuro della democrazia italiana. Le chiavi interpretative cui si offre il fenomeno Lega sono infatti molte: può prestarsi ad analogie con il movimento lepeniano e con certi gruppi di estrema destra del Nord Europa, ma può anche essere letta come reazione spontanea e naturale alla corruzione e al "meridionalismo" che hanno sempre dominato la politica e la pubblica amministrazione in Italia. La Lega può essere vista come movimento xenofobo e razzista, ma anche come tentativo di gestire su basi realistiche e non retoriche la pesante immigrazione che investe il Nord Italia, dove di fatto gli stranieri vivono integrati in città a guida leghista. Ancora, la Lega può essere letta come pericoloso fattore di disgregazione e separatismo, in uno scenario "jugoslavo" che mira a fare del Nord una piccola Svizzera disinteressata alla deriva del Sud Italia; ma anche come motore di un federalismo e di un decentramento pur necessari al recupero di efficienza amministrativa e fiscale.

Qual è, allora, la soluzione dell'enigma-Lega? Dove si situa la verità? Come distinguere la realtà dall'immagine? Il libro di Eleonora Bianchini cerca di rispondere a queste domande, conducendo il lettore in un viaggio che lo porta per mano dalla nascita del movimento fino al presente, attraverso storie, personaggi, vicende controverse, riti e simboli.

Eleonora è una giovane e dinamica giornalista d'inchiesta: il suo stile veloce, la capacità di afferrare rapidamente la realtà, l'abilità nel muoversi su terreni diversi la fanno assomigliare – anche fisicamente – a Lisbeth Salander, la protagonista degli splendidi romanzi di Stieg Larsson: un curioso misto di giornalista investigativa, hacker-detective, attivista impegnata nella denuncia dei lati oscuri della nostra società. E, come Lisbeth Salander, Eleonora Bianchini si è mossa nell'universo della Lega analizzando inchieste giudiziarie, fatti controversi, prese di posizione provocatorie che avrebbero fatto inorridire proprio Stieg Larsson, che oltre a essere un ottimo romanziere era un grande giornalista e uno dei massimi studiosi di quei movimenti di estrema destra e xenofobi ai quali la Lega spesso assomiglia. Larsson, con la sua rivista «Expo», invitava a non sottovalutare mai certi movimenti, a capirli e studiarli.

Di qui l'importanza del lavoro di Eleonora: portare alla luce, al di là dell'agiografia, le contraddizioni di un movimento e di un partito politico con cui bisogna fare i conti. Dalle ultime politiche del 2008 si osserva infatti un aumento dei consensi della Lega Nord, che paradossalmente è ormai – nella ridicola "seconda Repubblica" nata da Tangentopoli – il partito più antico del panorama italiano. Una forza che si propone come dura e pura, lontana dalle tentazioni di una politica corrotta. Ma che, dopo aver qualificato sulle pagine della «Padania» Silvio Berlusconi come l'espressione della mafia al Nord, non esita ad appoggiare ciecamente un leader sfuggito ai processi solo grazie a leggi ad personam *e ancora oggetto di attenzione da parte di varie Procure per reati incompatibili con qualsiasi carica istituzionale.*

Qual è, allora, la "vera" Lega? Quella che, come gli altri partiti, è affetta da clientelismo e malversazioni? Quella che punta a impossessarsi – sono parole di Bossi – delle banche del Nord, tramite le fondazioni bancarie, per finanziare i desideri delle città da essa amministrate? O è il gruppo di strane figure che ha tradito i suoi risparmiatori con la vicenda del collasso della banca leghista Credieuronord, "soccorsa" da un personaggio del calibro di Gianpiero Fiorani?

La Lega appare come una sintesi di contraddizioni estreme: mette le mani sulla scuola pubblica, imponendo il Sole delle Alpi e la dedica a Gianfranco Miglio ad Adro, ma non rifiuta gli ottocentomila euro di finanziamento pubblico per la «Bosina» di Varese, la scuola padana fondata dalla moglie di Umberto Bossi, Manuela Marrone. Continua a propagandare un'idea di federalismo efficiente e produttivo, ma non fissa criteri condivisi e chiari per la definizione dei costi standard su cui si baseranno i servizi pubblici nel futuro Stato federalista. Impreca contro Roma ladrona, ma poi collabora nella spartizione del potere con l'affarismo ciellino della Lombardia di Formigoni e della Compagnia delle Opere, "eliminando" amministratori pubblici come il leghista Alessandro Cè, il medico che da assessore regionale lombardo cercò di mettere un freno all'esplosione della sanità privata rimborsata dallo Stato. Sempre nella sanità pubblica, la Lega ha promosso iniziative discutibili, come quelle contenute nelle linee guida dell'assessore alla Sanità della giunta Zaia in Veneto, Luca Coletto, che suggeriva di non effettuare trapianti su disabili.

Ancora, la Lega ha fatto dell'attacco alle minoranze il suo punto di forza, attraverso aggressioni verbali contro immigrati e rom. Nonostante le durissime posizioni assunte su questi temi, si è avvicinata alla Chiesa per conquistare l'elettorato cattolico del Nord, facendo della tutela della famiglia e dei valori "non negoziabili" il biglietto da visita per entrare in Vaticano.

Il libro di Eleonora Bianchini si prefigge di dare conto di queste contraddizioni, di ricostruire le posizioni del Carroccio, dalle aggressioni delle istituzioni in nome della secessione fino al fantasma del federalismo, un mito che, calato in un Paese senza senso dello Stato e della comunità civile, rischia di far esplodere quel poco che è stato conquistato in 150 anni di unità nazionale. L'inchiesta di Lisbeth-Eleonora ha quindi il pregio di svegliare l'attenzione di chi sottovaluta il fenomeno Lega, evidenziando i paradossi di un partito che ha fatto della demagogia e del populismo la sua strategia di azione, riuscendo a guadagnarsi posizioni di potere crescenti nel silenzio generale. Un'ascesa che è sintomatica delle paure della globalizzazione, della chiusura verso l'altro, dei fantasmi che agitano una democrazia fragile quale quella italiana, sempre a rischio di ripetere gli errori della Repubblica di Weimar. Per queste ragioni, il senso critico e l'attenzione vigile ai fenomeni non sono mai eccessivi e sono necessarie inchieste senza sconti quali quella proposta da Eleonora Bianchini.

FERRUCCIO PINOTTI

PARTE PRIMA

Lesa maestà: stato di diritto in verde

Camicie Verdi

> Dai tempi delle camicie nere non si ricorda nessun altro movimento politico nazionale che imponesse ai suoi rappresentanti una divisa. Camicia, cravatta, o come minimo pochette nel taschino per denotare l'appartenenza che neppure più i sacerdoti esibiscono con altrettanta disciplina. Ma l'uso della divisa è in sé un programma, uno stile di vita, la premessa alla trasformazione della militanza in milizia.
>
> GAD LERNER

Verde. Il colore non tradisce gli intenti e l'ispirazione del partito di Umberto Bossi che, da leader visionario dotato di lungimirante immaginazione, lo scelse come nuance della Padania. La sua nuova nazione si affacciava sul panorama politico nazionale sul finire degli anni Ottanta per vivere il suo momento di gloria secessionista a cavallo del decennio successivo. Verde come la Padania, il Sole delle Alpi, i fazzoletti nel taschino e i foulard annodati al collo di militanti e dirigenti durante i comizi. Verde anche come le Camicie Verdi, l'organizzazione paramilitare inaugurata dalla Lega nei tempi caldi in cui innalzava sul Po la sua ampolla in nome della secessione. L'obiettivo era quello di preparare un corpo militare pronto a imbracciare le armi nel caso in cui fosse stata necessaria la difesa del Nord, compatto per realizzare il sol dell'avvenire bossiano, contro la Roma ladrona che ne avrebbe ostacolato la consacrazione.

L'ossessione di costituire anche un organismo militare era legata *in primis* alla necessità di completare il corollario immaginifico della Padania: preparate le basi dal vecchio Eridanio alle pseudoricostruzioni storiche del Senatùr, che voleva i nordici discendenti dei celti, il corpo politico che volesse rafforzare l'idea della secessione e del nuovo Stato del Carroccio doveva attrezzarsi anche di un esercito *ad hoc*, quasi *ad personam*. La formazione era dal basso, gli ordini chiari: l'ispirazione e l'idea della Padania libera erano tutto. Messa a punto la lotta teorica ai terroni (prima) e quella pratica agli immigrati (poi) con la strumentalizzazione degli stupri e l'invasione degli islamici e, di conseguenza, la perfetta applicazione della «teoria schmittiana, che individua nella dialettica amico-nemico il fondamento della politica»[1], la Lega aveva così già fornito al suo esercito, le Camicie Verdi, il galateo difensivo.

A differenza di quanto possano suggerire le immagini e la trivialità dell'organizzazione, nel disegno separatista della Lega, le Camicie Verdi nacquero con un'intenzione tutt'altro che folkloristica: erano volontari, ma presiedevano all'ordine e alla difesa della Padania, creata con le sue istituzioni nelle menti del leader e dei colonnelli verdi a Bagnolo di San Vito, in provincia di Mantova, il 4 maggio 1996. «È nato il Parlamento della Padania, sono nati i Comitati di Liberazione della Padania. Approvando questa mozione rivendichiamo da oggi il diritto all'esercizio della resistenza e della secessione», aveva tuonato Bossi dopo l'approvazione della mozione che cambiò il nome del Parlamento del Nord in Parlamento della Padania. Oltre alla nuova immagine della sedicente consulta legislativa, più pop e incisiva per la comunicazione della causa lombarda, erano stati anche istituiti i Comitati di Liberazione della Padania, organi deputati alla promozione culturale dell'indipendenza del Nord e, appunto, il servizio d'ordine. All'inizio erano cinquanta volontari, una security casereccia e battagliera, fasciata dalle camicie rigorosamente *color Padania*. A capo del corpo paramilitare c'era Mario Borghezio, oggi europarlamentare e kamikaze della causa leghista, «seguace di Bossi fino alla fine»[2].

Le Camicie Verdi, come spiega Corinto Marchini nel film di Claudio Lazzaro *Camicie Verdi*, nacquero per garantire l'incolumità di Umberto Bossi e furono da lui stesso volute nel periodo caldo della secessione, dal 1996 al 1998, quando si sentiva al centro del mirino. La dialettica politica di quegli anni era spregiudicata, le parole cadevano come macigni sul Nord che, secondo Bossi, era pronto a separarsi dal Meridione. Le Camicie Verdi erano il nocciolo duro a cui sarebbe stato chiesto di prendere i fucili e puntarli contro i carabinieri nel caso in cui l'intenzione politica della secessione potesse trovare una breccia reale. Corinto Marchini era al vertice dell'organizzazione. Durante le riunioni del Comitato nazionale di Liberazione, in vista della manifestazione sul Po che avrebbe sancito la secessione della Padania, Bossi studiava la strategia per marchiare a fuoco il Carroccio, per attribuirgli quello spirito rivoluzionario che avrebbe smantellato la partitocrazia, messo a ferro e fuoco le istituzioni nazionali e allertato Roma sui veri intenti, tanto programmatici quanto demagogici, del partito. A Corinto Marchini e ai suoi, Bossi spiegò quali fossero i segni della rivoluzione che le Camicie Verdi dovevano esaltare agli occhi dell'opinione pubblica: nel sogno secessionista facevano capolino bandiere italiane ed effigi di carabinieri bruciate. In loro, esempio tangibile di fedeltà religiosa, Bossi cercava anche un martire da sacrificare e da rivendere nelle piazze: Marchini ricorda infatti le telefonate del leader nel cuore della notte che, come il Cristo dubbioso dell'amore di Pietro, gli chiedeva se fosse disposto ad andare nelle «patrie galere» per amore della Padania. Insomma, il Senatùr chiedeva a Marchini di cercare una vittima sacrificale. Tra i bersagli prescelti, che nelle intenzioni del leader non si sarebbe sottratto al sacrificio sull'altare, c'era Mario Borghezio, *pasionario* xenofobo del partito, simpatizzante di Ordine nuovo ed esperto di siparietti razzisti, dallo spray contro gli extracomunitari agli incendi dei paglericci di alcuni immigrati durante le ronde, passando per l'anticomunismo spinto («comunisti di merda» è uno dei suoi cavalli di battaglia). Borghezio, oltre a rappresentare la linea intransigente della Lega, incarna lo spirito del martire per eccellenza: adora essere uomo di lotta e consumare le suole con la politica fatta nelle strade. Cristiano fanatico per opportunismo politico e crociato di Lepanto nell'era della globalizzazione, cavalca spregiudicato il sogno mistico di un'Europa bianca e cristiana, dove crocifissi, presepi e canti di Natale sono la cartina al tornasole di una civiltà superiore a quella islamica. Dato il profilo, Borghezio corrispondeva secondo Bossi all'uomo ideale da spendere nelle piazze, allo stereotipo del protomartire del Carroccio. In *Camicie Verdi* infatti, Corinto Marchini rivela per la prima volta che l'ordine dell'uccisione dell'europarlamentare torinese, già pianificata, fu poi revocata a una settimana dall'esecuzione nel 1998.

La sua reazione alle rivelazioni di Marchini conferma lo spirito del kamikaze: se il sacrificio fosse avvenuto avrebbe trovato la sua giustificazione nella delicata contingenza storica del partito che affrontava la sua fase più accesa e movimentista. È stato risparmiato, ha spiegato l'europarlamentare, perché «il buon padre eterno desidera che io continui a fare la mia attività e a scaldare le folle leghiste»[3].

Le Camicie Verdi erano la premessa necessaria per la nascita di *Guardia Nazionale Padana* e *Volontari Verdi*, e l'intento paramilitare era evidente. Il mondo politico di quegli anni era in allarme per la costituzione del servizio d'ordine di Bossi e non sfuggì, né a destra né a sinistra, il rimando alle camicie nere e ai movimenti legati all'estrema destra. «Bossi non sa che le Camicie Verdi appartengono alla storia e alla tradizione del vecchio mondo attivistico della destra italiana. Uscirono per la prima volta come Camicie Verdi nel 1953, ai funerali del maresciallo d'Italia Rodolfo Graziani; le Camicie Verdi furono per anni il settore attivistico del raggruppamento giovanile studenti e lavoratori del Movimento sociale italiano»[4], spiegò l'onorevole Domenico Gramazio di Alleanza Nazionale, all'indomani della costituzione del corpo d'ordine. Anche Alessandra Mussolini presentò un'interrogazione parlamentare al ministro degli Interni sulle loro reali finalità. Lungi dagli onorevoli leghisti dipanare i dubbi sull'eventuale attentato all'unità dello Stato. Roberto Calderoli, che non assicurava sul compimento certo della secessione ma ne rivendicava il diritto, si stupiva quando veniva accostata alla violenza. Al contrario, erano sempre gli stati unitari, come nel caso della ex Jugoslavia, ad attaccare chi aveva velleità indipendentiste.

L'intento, appurato poi dalle inchieste giudiziarie del procuratore di Verona Guido Papalia, era quello di creare una formazione paramilitare. Lo statuto invitava inoltre gli arruolati all'«esercizio del tiro a segno come momento di pacifico riferimento storico, come attività sportiva, di svago e motivo di aggregazione sociale»[5]. A chi domandasse delle ragioni di questo articolo, Borghezio rispondeva che loro erano il «ferro di lancia del periodo della secessione», lo strumento che i leghisti potevano e dovevano utilizzare contro la resistenza al cambiamento manifestata dallo Stato centrale. Dovevano essere pronte ad attaccare, a rispondere a chi volesse intralciare il cammino secessionista. Del resto, in araldica, il ferro di lancia rappresenta la nobiltà acquisita con le armi.

L'istituzione delle Camicie, strutturate in «corpi e reparti organizzati in guisa militare e dotati di "gradi e uniformi"»[6], aveva suscitato anche nelle menti dei fedelissimi della Lega il timore che l'obiettivo della secessione non fosse soltanto demagogico e propagandistico, ma intendesse dare vita a scenari seriamente rivoluzionari. I separatisti del Nord avanzavano con prepotenza e il timore reale di un assalto all'unità si insinuava trasversalmente fra i partiti fino al paradosso di prese di posizione antagoniste tra gli stessi rappresentanti del Carroccio. L'ex deputato leghista Marco Romanelli, avvocato di Erba, denunciò Umberto Bossi per il reato previsto dall'art. 241 del codice penale: attentato contro l'integrità, l'indipendenza o l'unità dello Stato. Secondo lui infatti, la Lega era in procinto di percorrere la via della secessione attraverso modalità pericolose che una democrazia non poteva tollerare. Del resto, secondo Romanelli, era chiaro che l'istituzione delle Camicie Verdi e del Comitato di Liberazione della Padania fossero segni inequivocabili che evidenziavano la volontà di procedere sulla strada dello smembramento dello Stato italiano. Le intenzioni delle Camicie Verdi si erano definite nel tempo: da sedicente servizio d'ordine, nato per la difesa del leader Umberto Bossi, erano diventate il braccio armato della secessione, gli addetti alle ronde per snidare immigrati e clandestini e approdare in battuta finale all'assalto delle istituzioni nazionali. Nella mente di Borghezio lo spiegamento sul territorio era chiaro: con quei volontari vestiti in camicia verde voleva organizzare ronde, «ma ronde dure», di cento o duecento persone, pronte a piombare a Bologna, Milano e Torino «per fare pulizia». Il piano iniziava a turbare anche la magistratura e il procuratore capo di Verona, Guido Papalia, diede ordine di perquisire per ben tre volte nel solo mese di settembre la casa di Corinto Marchini, dove furono rinvenute cartucce, tutte regolarmente denunciate. Squadre della DIGOS proseguirono le perquisizioni o «persecuzioni», come si legge sul sito di Riccardo Minini, anche nella sede della Lega di Via Bellerio e nelle abitazioni di alcuni militanti di spicco.

A occuparsi della selezione e dell'organigramma del servizio d'ordine è niente meno che Roberto Maroni, braccio destro di Umberto Bossi fin dagli inizi, dopo una gavetta politica trascorsa nei gruppi marxisti leninisti di Varese e nel movimento di estrema sinistra Democrazia Proletaria. Nell'occhio del ciclone a causa dell'ipotesi secessionista, Maroni ebbe l'ardire di riproporre le Camicie in una nuova veste, ovvero per difendere i magistrati padani privati della scorta. La boutade non arresta il corso delle indagini della Procura di Verona, e Maroni osserva la caduta delle Camicie Verdi, messe con le spalle al muro da Papalia. Morto un papa se ne fa un altro e così il braccio destro di

Bossi si affretta ad annunciare la creazione della Guardia Nazionale Padana: «Sarà strutturata, secondo lo statuto, in "compagnie". Ogni compagnia avrà una dimensione provinciale [...]. Non si tratta di arruolamenti, noi ci difendiamo con la forza delle nostre idee. Semplicemente ogni provincia della Padania organizzerà la sua compagnia. Siamo un'organizzazione apartitica e non violenta, senza finalità di lucro»[7]. Dalla proposta di ronde dure alla candida e legittima difesa delle proprie idee il passo è lungo. Roberto Maroni lo sa, ma si spinge ben oltre sino a dipingere un'immagine pacifista e leale del nuovo corpo istituito: «Siamo un'associazione gandhiana il cui scopo è combattere gandhianamente le ingiustizie sociali e assumere le difese di chi ha bisogno della solidarietà umana, anche attraverso la disobbedienza civile e la resistenza passiva contro ogni tipo di oppressione»[8]. L'accostamento al pacifismo gandhiano risulta ancor più parossistico dalle puntuali indicazioni espresse sul possesso del porto d'armi, poi mitigate dallo statuto.

Se le Camicie Verdi, poi ampliate nella Guardia Nazionale Padana, si ispiravano a un movimento pacifista e non violento allora risultano alquanto inconciliabili le posizioni e i commenti espressi dai leader leghisti a seguito delle perquisizioni e delle indagini volute da Guido Papalia nel 1996 che contestava «la violazione degli articoli uno e due della legge Scelba: "Costituzione, direzione, partecipazione alla associazione militare di volta in volta denominata delle Camicie Verdi e/o Guardia Nazionale Padana"»[9]. Il procuratore aveva dato ordine di perquisire diciassette appartamenti dei membri del servizio d'ordine leghista. Sui siti dei militanti, nella ricostruzione storica, si parla di barricate *pasionarie* presso la sede del partito di via Bellerio a Milano, per impedire l'accesso alle forze dell'ordine e alla DIGOS in una strenua battaglia fatta a suon di dichiarazioni e cordoni umani davanti agli ingressi. Per Papalia, invece, le perquisizioni si svolsero in un clima tranquillo mentre venivano rinvenuti manifesti, spillette, copie del *Va' pensiero*, manuali di resistenza fiscale, qualche copia di «Limes» e della «Gazzetta ufficiale dell'Unione europea», pistole e fucili regolarmente denunciati. L'unico dettaglio negativo per parte leghista fu il ritrovo di un manganello che secondo Roberto Maroni, impegnato nella ricostruzione di una versione parallela, era invece un'asta telescopica. Di diversa opinione la questura di Milano, che durante la perquisizione a Marchini, su segnalazione della DIGOS, rinvenne 573 munizioni, in sovrannumero e per cui detenute illegalmente, e un chilo di polvere da sparo per fucili da caccia.

A fronte dell'inchiesta della magistratura, i vertici del partito tuonavano durante i comizi. Bossi rispolvera contro Papalia la retorica del terrone, senza entrare nel merito della vicenda giudiziaria. E così aizza la folla leghista di Verona: «Quel terun de la madonna ha arrestato il *Va' pensiero*. Deve mostrare i muscoli per stroncare le nostre idee. Bel campione di democrazia, il Papalia. Figlio di una classe dirigente meridionale solo politica, solo mafiosa»[10]. E durante il comizio il Senatùr non risparmia accostamenti al fascismo: Papalia, dice, «non a caso» abita nella casa che fu della Gestapo ai tempi della seconda guerra mondiale. Il timore di Bossi, fomentato dal susseguirsi di nuovi elementi emersi nel corso dell'inchiesta, era che il procuratore potesse arrestare il disegno separatista del Carroccio, a partire dalle parate secessioniste ammantate di folklore. Visto il clima di tensione e diffidenza crescente nei confronti della Lega, il 15 settembre 1996[11] Maroni dichiara sciolte le Camicie Verdi che confluiscono nella Guardia Nazionale Padana. Abbandonata la camicia padana, la divisa era solo una pettorina verde. Finisce l'era del servizio d'ordine inizialmente voluta da Bossi, ma le indagini da Verona proseguono e coinvolgono i vertici del partito. Tra gli strenui accusatori del *terrone* Papalia insorge Mario Borghezio, secondo cui il procuratore di Verona dovrebbe essere preso «a calci in culo». Il valore della giustizia e il rispetto per il lavoro della magistratura sono carte ambivalenti per i leghisti: le Camicie Verdi, ad esempio, si erano dichiarate pronte a soccorrere i magistrati padani privati della scorta, ma quando le indagini puntano il dito contro il *loro* partito, allora la legge dello Stato in Padania è fuorilegge.

Nel vortice delle perquisizioni, a due mesi dallo scioglimento delle Camicie Verdi, Maroni intende aggiustare il tiro. Ribadire con *toni gandhiani* che la Guardia Nazionale Padana era un'associazione del tutto apartitica e che, grazie alle indagini avviate da Papalia, erano pervenute centinaia di domande di adesione. Ed evidenziare al contempo i numeri delle domande di arruolamento. Come era possibile credere che la GNP fosse apartitica? L'apologia sbrigativa e dozzinale, ridicola per chi conosceva il background delle Camicie, era volta a ridimensionare al fotofinish la portata delle indagini, mentre avanzava la certezza del rinvio a giudizio per i vertici della Lega. Ipotizzare che un'associazione "padana" potesse essere apartitica era una contraddizione in termini. L'intento *super partes*, anche nella vulgata popolare sulla GNP, non aveva mai attecchito.

A far calare la mannaia trascurando qualsiasi intento diplomatico è Mario Borghezio, secondo cui il procuratore è letteralmente da «prendere a calci nel culo». Le richieste avanzate su di lui e sugli altri quarantatré padani, sarebbero per Borghezio la prova di quanto Roma ladrona tema l'avanzata del Nord. Secondo il crociato verde, la giustizia italiana dava prova di operare in un regime perché negava il principio di autodeterminazione dei popoli riconosciuto *in primis* dalla Comunità internazionale. Per l'europarlamentare, insomma, il valore della crociata *pro domo sua* è più forte del rispetto della legalità.

Il livore di Borghezio non si ferma al periodo delle perquisizioni e procede contro Papalia anche in altri comizi. Passa il tempo, ma si calcifica l'accanimento verso chi, in nome della legge, ha frantumato il suo sogno di milizia secessionista. Vari anni dopo le perquisizioni, il 19 dicembre 2004, rispolvera il suo vocabolario da politico di lungo corso contro Papalia: «A Verona la Lega è stata troppo tenera con quello che vorrebbe rieducare i patrioti padani. Appena inciampa per la strada, qualcuno dovrà rifilargli una bella scarica di calci nel culo»[12]. Nulla si crea e nulla si distrugge, ma soprattutto nulla si dimentica per Borghezio, che l'anno successivo incalza ancora sui magistrati: «Non usiamo termini offensivi verso questi nobili servitori dello Stato. A noi bastano i gesti, per capire come la pensiamo [fa quello dell'ombrello, *n.d.r.*]. E dobbiamo, e qui voglio veramente elogiare gli amici di Verona, deputati, parlamentari e non, che hanno fatto i nomi, perché bisogna avere il coraggio di fare i nomi e i cognomi, no? Di quelli… di Forleo, di Papalia. Non bisogna aver paura di rischiare: bisogna fare i nomi perché devono essere scolpiti i nomi di queste facce di merda»[13].

L'inchiesta assume contorni preoccupanti per i vertici della Lega e si espande fino ai cinque avvisi di garanzia emessi dalla Procura di Treviso nei confronti di altrettante ex Camicie Verdi. Le indagini proseguono ma, ben prima dei rinvii a giudizio, Marco Rizzo di Rifondazione Comunista definisce le Camicie una vera e propria milizia e Bossi, irremovibile, insinua che Papalia sia stato eterodiretto da Roma per intraprendere la sua caccia alle Camicie Verdi. Lo screditamento delle indagini è il metodo più oliato della Lega per rispondere alle accuse di Papalia che ritiene Camicie Verdi e GNP «la struttura politico-militare di questa nuova entità statuale che secondo le dichiarazioni fatte è stata creata e denominata Padania»[14]. Se la Lega si schernisce e si oppone furente alla prosecuzione dell'inchiesta, la giustizia prosegue il suo corso: per l'attentato all'unità dello Stato infatti è previsto l'ergastolo, dodici anni per l'attentato alla Costituzione, e pene anche per il reato di associazione militare.

I commenti dall'agone politico sono chiari: per Franco Lotito, allora segretario della UIL, la Lega poggiava su un'organizzazione e un organigramma che rimandavano al Terzo Reich. Infatti Lotito riteneva che «il pericolo non è quello della secessione ma di un movimento che nella sostanza e nella simbologia è simile a quello nazista». E nonostante valutasse con equilibrio la retorica pop leghista con i suoi aspetti più folkloristici, approdava a conclusioni drammatiche: la predicazione bossiana, ripulita dalle «buffonate secessioniste»[15] rivela le sue stimmate naziste, determinate dal corollario di razzismo, miti pagani della terra e del Po, oltre al milizianesimo e al cinismo morale.

Il carroccio delle Camicie non è soltanto retorica di pancia, istinto di conservazione sorto nell'era del postfordismo in cui la «crisi delle appartenenze di classe dei soggetti lasciava rapidamente la scena alle identità nella dimensione territoriale»[16], ma nasconde la volontà profonda e radicata di smantellare l'ordine istituzionale per rivendicare l'avanzamento di un nuovo Stato-nazione *in pectore*, la Padania. Dopo Romanelli, la sconfitta della milizia bossiana arriva direttamente dal suo comandante: è Corinto Marchini stesso a denunciare il sistema. Militante della prima ora, Marchini decise di riconsegnare la tessera a causa dell'assenza di democrazia e dell'imprinting dittatoriale che stava crescendo esponenzialmente nelle sezioni.

La distinzione ventilata tra Camicie Verdi e GNP era del tutto fittizia. Certo, le prime erano state formalmente sciolte da Roberto Maroni che intendeva istituire una Guardia strutturata. Nel turbine dell'inchiesta si alza la voce anche del sindaco di Oderzo, Giuseppe Covre, leghista *eretico* per sua definizione, che si scaglia contro la secessione, gli anatemi anticlericali di Bossi, e la nuova milizia sempre più sfuggente e torbida: «Da noi il problema si chiama Guardia Nazionale Padana. Chi sono questi signori? A chi rispondono? Ritengono di avere più titolo e merito per educare.

Tentano di interferire ma io li evito. Umberto li dovrebbe definitivamente tagliare fuori dal movimento»[17]. Covre denuncia anche il caos generato dall'operatività della GNP che in alcune zone, come Alessandria, è inserita nella protezione civile, mentre in altri comuni è invece un organo a sé stante in balìa degli umori dei suoi iscritti. L'assenza di controllo e la deriva autoritaria *fai da te* rende necessaria l'eliminazione della GNP per Covre che, *tranchant*, pone l'aut aut: «Chi è della Lega non può essere Guardia padana e viceversa. *Fora da i ball*»[18].

Intanto l'inchiesta di Guido Papalia procedeva con la richiesta di quarantasei rinvii a giudizio. Alle perquisizioni in via Bellerio e presso le abitazioni di Corinto Marchini e di altri militanti si aggiunse un altro episodio che rientrò nelle indagini della magistratura. La presa della Bastiglia della Lega militante e barricadera aveva trovato spazio nello scenario della laguna veneziana: un gruppo di separatisti, i Serenissimi, sbarcò armato in piazza San Marco per impadronirsi del campanile l'8 e il 9 maggio 1997[19]. L'episodio non era direttamente riconducibile al Carroccio, ma era stato incoraggiato dal vento secessionista che aveva travolto il Nord e che nella Lega trovava la sua declinazione politica.

Il 22 luglio del 1998, a conclusione del processo di primo grado, Umberto Bossi e Roberto Maroni furono condannati rispettivamente a sette e a otto mesi di reclusione con la condizionale e al versamento di una provvisionale di cinque milioni di lire, per resistenza e oltraggio a pubblico ufficiale. Tuttavia Bossi, Maroni e Calderoli sono usciti definitivamente dall'inchiesta nel dicembre 2009, ma trentasei militanti della Lega, ex Camicie Verdi, che includono Matteo Bragantini e Gian Paolo Gobbo, sono state rinviate a giudizio. Un processo che dura da ormai quattordici anni tra rinvii a giudizio e attese interminabili aspettando «in attesa che Strasburgo prima e la Corte Costituzionale poi si pronunciassero sulla posizione degli indagati che all'epoca ricoprivano la carica di eurodeputati o di parlamentari»[20]. Maroni minimizza e punta il dito contro gli sprechi di una giustizia che non giunge mai in tempo utile al termine dell'iter processuale e l'ex ministro Zaia, oggi presidente della Regione Veneto, culla dell'indipendentismo targato Nordest, spiega che la nostra giustizia dovrebbe occuparsi di ben altro che di «fatti accaduti in epoche ormai lontanissime»[21].

Secondo Zaia, dunque, anche gli anni di piombo, le stragi senza colpevoli, da Bologna a piazza della Loggia dovrebbero rimanere al di fuori dei tribunali, annoverate tra indagini anacronistiche per le quali la giustizia non merita di perdere altro tempo. Suo malgrado, il processo contro le Camicie Verdi andrà avanti.

Ma oltre alla milizia paramilitare, Mario Borghezio e i suoi avevano pensato a un'organizzazione spalla per supportare le ronde, dimostrazione di appropriazione del territorio padano. Cercava i suoi membri dal basso, tra i militanti della base slegati dall'organigramma del partito, compatti e liberi sostenitori, per supportare la crociata padana contro l'invasione musulmana e le moschee, per camminare con le torce accese nelle strade di città e di provincia e inaugurare il capitolo della giustizia fai da te. Si chiamavano *volontari padani* e sono nati sotto la guida di Massimiliano *Max* Bastoni, classe 1969, militante della Lega dal 1991 e coordinatore dell'Associazione fino al 2004. Vicinissimo a Borghezio, si era candidato per entrare alla Regione Lombardia e nel Comune di Milano. Forte di un cognome facile da piegare alle intenzioni programmatiche del partito, non aveva esitato a coniare il suo slogan "Bastoni contro l'immigrazione"[22] accostato a una foto che ritraeva mazze da baseball. Padre e ispiratore della campagna elettorale di Bastoni è il suo mentore Mario Borghezio, l'antimoderato per eccellenza. Ma chi erano i volontari verdi? E davvero erano l'alternativa in chiave pacifista alla vecchia GNP? Non proprio. Erano soltanto un'emulazione degli apparati paramilitari nel vortice delle indagini. Cercavano di cambiare la divisa e l'apparenza e di certo avevano rinunciato alla verve secessionista. Ma «ai volontari verdi fanno capo tutte le iniziative relative alle ronde e ai cosiddetti "controlli del territorio" contro criminalità e immigrazione clandestina. Di fatto i volontari verdi hanno soppiantato l'organizzazione della Guardia Nazionale Padana»[23]. Pacifista almeno quanto la GNP, dunque, il nuovo corpo militante, oltre all'iconografia elettorale escogitata da Bastoni, poteva vantare altri slogan shock, tra cui «Clandestini, meglio prevenirli che curarli», con tanto di mirino puntato contro una carretta in mare carica di extracomunitari[24].

L'umore gandhiano sventolato da Maroni pare non riuscisse a fare presa nemmeno su un'organizzazione di volontari, lontani per *mission* e intenzioni dall'assetto militare delle Camicie e dei suoi epigoni della Guardia Nazionale Padana. Bastava leggere su Triskel, il sito online degli *incursori di Bossi*, come scrisse Fabrizio Gatti, quale fosse il sogno militante dei giovani volontari: «Propongo che la Lega possa avere una sua propria forza dell'ordine, un suo esercito che punisca e pulisca. Un esercito che possa cacciare dalla Padania: i comunisti, gli extracomunitari, le moschee, i musulmani, la sinistra... Loro non conoscono il dialogo, né il rispetto, né i propri limiti, solo capiscono il linguaggio della violenza»[25].

Che il messaggio di tolleranza fosse stato ispirato da Bobo Maroni? Pare di no: «Morte alla sinistra, distruzione delle moschee, morte a D'Alema, Bertinotti, Cofferati, Fassino e Rutelli, Livia Turco eccetera». Distinguere i volontari verdi dalle Camicie di Borghezio è impresa ardua. Nelle intenzioni, si trattava solo di una rinascita sotto mentite spoglie.

Note

[1] Adalberto Signore - Alessandro Trocino, *Razza padana*, BUR, Milano 2008, p. 7.

[2] Claudio Lazzaro, *Camicie Verdi. Bruciare il tricolore*, Dolmen 2006.

[3] *Ibidem.*

[4] Saverio Ferrari, *Le Camicie Verdi*, in «ilmanifesto.it», 11 luglio 2009.

[5] Statuto delle Camicie Verdi, articolo 3, comma g.

[6] Paolo Persichetti, *Camicie verdi di ieri, ronde di oggi*, in «Liberazione», 12 maggio 2009.

[7] *Esercito lumbard*, in «UnioneSarda.it», 22 settembre 1996.

[8] *Ibidem.*

[9] Fabio Cavalera, *Camicie verdi, perquisizioni a tappeto*, in «Corriere della Sera», 22 novembre 1996.

[10] *Ibidem.*

[11] Michela Mantovan, *Le Camicie Verdi: Umberto ci ha abbandonato*, in «Corriere della Sera», 17 febbraio 1997.

[12] Marco Travaglio, *Il partito dell'amore*, in «repubblica.it», 6 gennaio 2005.

[13] Dalla manifestazione della Lega Nord a Verona, 12 febbraio 2005.

[14] Enzo Biagi - Guido Papalia, *Il Fatto del giorno*, RAI Uno, 30 gennaio 1998.

[15] *Così l'Ulivo affronta le elezioni padane di Umberto Bossi*, in «l'Opinione.it», 29 agosto 1997.

[16] Aldo Bonomi, *Il rancore. Alle radici del malessere del Nord*, Feltrinelli, Milano 2008, p. 17.

[17] Fabio Cavalera, *Lega, la Guardia padana ora fa paura*, in «Corriere della Sera», 20 luglio 1999.

[18] *Ibidem.*

[19] Roberto Bianchini, *Guerriglieri per una notte*, in «la Repubblica», 10 maggio 1997.

[20] *Le "Camicie verdi" un'associazione militare 36 rinvii a giudizio, c'e anche un deputato*, in «la Repubblica», 23 gennaio 2010.

[21] *Ibidem.*

[22] Carlo Lovati, *"Bastoni contro l'immigrazione". Ma è solo il nome del candidato*, in «Corriere della Sera», 26 marzo 2000.

[23] Carlo Brambilla, *Volontari padani e gazebo della Lega. Oggi i raduni per il controllo degli stranieri*, in «l'Unità», 22 settembre 2001.

[24] *Volantino shock dei volontari verdi padani. "Clandestini, meglio prevenirli che curarli"*, in «La Stampa», 16 settembre 2002.

[25] Dal sito Triskel, il cui link ormai non esiste più.

Secessione

> La secessione è un'Idea, è un ideale – puntualizza l'esponente leghista – è come un matrimonio: fino a un certo punto va tutto bene e poi, come in una famiglia, qualcuno non fa più quello che deve fare e può esserci questa logica.
>
> GIANPAOLO GOBBO

In principio era la secessione, la Padania prima di tutto. Il nemico numero uno era l'Italia degli italiani non padani, al di sotto del Po, quella che, come continua a ripetere Mario Borghezio dopo oltre vent'anni di comizi, «non fa un cazzo». Il presunto lassismo di tutti coloro che non vedevano in Umberto Bossi il nuovo messia antigaribaldino è stato per anni ed è tuttora uno dei motori che ha spinto la Lega Nord a promuovere la secessione come riscossa all'impopolare – secondo i padani – unificazione nazionale: solo il Nord consente a tutta l'Italia di sopravvivere, di godere di un'economia florida. Il Sud è un fardello di cui liberarsi, non è parte integrante dello Stato-nazione che *loro* intendono. L'unica soluzione è la secessione, per sancire la supremazia del Nord produttivo, capitanato da Lombardia e Veneto, contro il Mezzogiorno inefficiente. Era stata caldeggiata sin dagli inizi nella sua accezione più mitologica, investita di un'aura ieratica, tra le sacre acque del Po e una buona dose di folklore. Il primo rito organizzato per la secessione reca la data di venerdì 13 settembre 1996: «Scatta oggi al Pian del Re la manifestazione per la nascita della Padania: politici e associazioni si mobilitano per contrastare il Carroccio. Oggi, venerdì 13: la data fatidica. Alle 17: l'ora fatidica. [...] tre giorni verso l'indipendenza della Padania che sarà proclamata domenica pomeriggio a Venezia. Contemporaneamente, anche le feste anti leghiste avranno inizio»[1].

L'affluenza non era stata quella dei quattro milioni annunciati dalla Lega, ma di «qualche decina di migliaia» secondo «gli oppositori e le solite "fonti ufficiali", peraltro altrettanto inattendibili»[2]. Tuttavia nell'immaginario collettivo si faceva già strada l'idea di un partito conservatore e anticentralista, guidato da un leader populista, adorato dalla base alla stregua di un'autorità sacra, che tuonava dai palchi dei comizi avvalendosi di una retorica *ad hoc*. Del tutto pagana. Il verbo del Carroccio colpiva prima le pance che le menti e i fuochi d'artificio del politicamente scorretto erano farciti dall'adozione posticcia di elementi celtici, riletti e strumentalizzati in chiave indipendentista, che hanno irrobustito le barricate sia a destra che a sinistra. Il 13 settembre 1996 Bossi inaugurava il rito dell'ampolla con un proclama da far tremare le vene e i polsi agli esponenti di spicco della politica di allora. «La secessione è un atto dovuto alla nazione padana»[3], disse, e al proclama seguì la lettura della "dichiarazione di indipendenza e sovranità della Padania", il 15 settembre a Venezia.

L'eroismo del movimento, nato con la Lega autonomista lombarda nelle riunione di Varese del 12 aprile 1984, si esprime in Alberto da Giussano, il fantomatico condottiero che ha ispirato Bossi, sia nella sua spinta indipendentista che nel desiderio di difesa e, come tale, di conquista e demarcazione della Padania. Per comprendere la genesi del movimento, è doverosa una ricostruzione storica. Il 7 aprile 1167 infatti, ventidue comuni, tra Lombardia, Emilia e Veneto, si unirono insieme nella Lega Lombarda presso il monastero di Pontida per respingere Federico I di Svevia, ovvero il Barbarossa. Le città siglano il patto per sconfiggere il nemico e riescono nell'intento nove anni dopo quando la Compagnia del Carroccio, la gioventù nobile di Milano e dintorni guidata da Alberto da Giussano, batte definitivamente l'*invasor*. Umberto Bossi non ha dovuto sfogliare polverosi libri di storia per trovare l'ispiratore del movimento, dell'ideale e del simbolo della Lega autonomista lombarda: è bastato passare in piazza a Legnano, dove si trova la statua, allora come oggi, fare qualche foto esaltando la spada e la posa battagliera da un'angolazione favorevole, e il simbolo della Lega era nato. Roberto Gremmo, fondatore del gruppo autonomista Union Piemontèisa, che nel Carroccio proponeva di spedire in Amazzonia i tossicodipendenti[4], smantella gli scenari storico-culturali che portarono alla scelta del simbolo e ricostruisce la sua nascita, spogliata dell'aura di sacralità che il Senatùr avrebbe voluto. Sostiene Gremmo: «Un giorno Bossi mi telefona e chiede: "Hai notato quanto è bello il marchietto delle biciclette Legnano? Credi che verranno fuori dei casini legali se lo utilizziamo come simbolo del movimento?"»[5]. Oltre alla disquisizione sulla genesi del simbolo, che poco interessava ai primi colonnelli verdi, era ben più rilevante definire i confini geografici della Padania. L'obiettivo non era semplice: erano fluidi e per motivi di opportunismo politico non potevano limitarsi alla tradizione granitica dell'eroica battaglia di Alberto da Giussano. E quando si fa politica è necessaria una certa elasticità, le idee potrebbero espandersi oltre i confini. Quindi, escludere i militanti sulla base di un mero discrimine territoriale è solo una logica per perdere potenziali voti. Accantonati i confini rigorosi, nel 1996 Umberto Bossi stabilisce da sé che la Padania deve per forza estendersi fino alle Marche, visto che i celti arrivarono fin lì. Più precisamente, almeno in linea d'aria, il *Senatùr* si spinse fino alla parte alta della Toscana e alle Marche settentrionali, lungo l'asse tra Lucca e Senigallia.

Il retroterra cultural-immaginifico dentro cui affondava le sue radici il partito della secessione prima e del federalismo poi, incontrò sul suo cammino la necessità di tessere una cultura che portasse sulla bandiera identitaria il vessillo del popolo celtico. Sarà infatti Bossi stesso a pronunciarsi sull'identità dell'*homo padanus*: «Noi siamo i discendenti diretti dei celti, non dei romani, i celti erano un popolo di lavoratori (sapete, fabbricavano gli zufoli con le mani), invece i romani non lavoravano, erano soltanto un popolo di guerrieri con un sistema basato sulla schiavitù»[6]. Basta la semplificazione di secoli di storia, la minimizzazione della cultura romanza sul suolo italiano e il ridimensionamento dell'imprinting dei romani, volgare popolo fannullone e colonizzatore, per costruire un immaginario più originale e forgiare le fattezze della gente del Nord sulle tradizioni paganoancestrali dei popoli nordici. E da lì partecipazioni a go go all'Insubria Fest, perché come disse Tolkien «le radici profonde non gelano»[7], passando per il capodanno celtico di Pecorara (Piacenza), lo sposalizio celtico tra Roberto Calderoli e Sabina Negri (la sposa ammetterà poi di avere inventato di sana pianta le formule del matrimonio) e gli arguti dribbling di Roberto Castelli che si sente, non si sa come, cristiano e celtico allo stesso tempo.

Stabiliti i confini e le tradizioni resta da consacrare il simbolo da cui prende nome l'intero territorio votato alla secessione, alla missione di innalzamento del popolo della Padania: il Po, esaltato anche sui «Quaderni Padani», bimestrale di cultura identitaria diretto da Gilberto Oneto, come padre ancestrale delle sue genti. Se la mitologia deve da qualche parte incarnarsi, Umberto Bossi decide di chiamare il quarto dei suoi figli (il terzo avuto da Manuela Marrone, dopo Renzo e Roberto Libertà e dopo Riccardo nato dal matrimonio con Gigliola Guidali) Eridano Sirio. «Un nome impegnativo», scrisse il 14 agosto 2005 il «Corriere della Sera», «che richiama immagini che vanno dalle profondità dei fiumi fino al cielo, visto che Eridano è la personificazione del Po e Sirio è la stella più brillante del cielo. Assicura Bossi che a scegliere il nome del suo quartogenito sia stata sua moglie Manuela, ma lui da qualche tempo nei comizi ama citare i popoli che abitano intorno all'Eridano. La leggenda vuole che nel fiume sia caduto Fetonte, il figlio del Sole che aveva voluto guidarne il carro sulla terra. Zeus lo fulminò per impedire che la incendiasse»[8].

Messa a punto la base simbolica, nel giorno del primo rito dell'ampolla i media erano in allarme ma i titoli dei giornali conquistati nel giorno in cui le Camicie Verdi, la milizia capitanata dal fondamentalista Mario Borghezio chiamata anche a imbracciare i fucili in caso di mancato federalismo, accorsero sulle rive del fiume sacro. Il caso della Lega era nato e il fantasma della secessione turbava i palazzi romani. Oltre all'ampolla che raccoglieva le acque del Po, la retorica della fenomenologia leghista aveva inaugurato la comparsa del Sole delle Alpi, simbolo diffuso dall'Assiria al Messico con diversi significati. Noto come rosa celtica e presente in Italia dal VII secolo, è stato registrato nel 1999 dall'Editoriale Nord, editrice de «La Padania», con il "nuovo" nome presso l'Ufficio Italiano Brevetti e Marchi. Ora quel simbolo lo vediamo sui fazzoletti verdi e sulle spille dei parlamentari.

Curioso ricordare come della marcia sul Po, una tra le voci più equilibrate fu quella di Emilio Fede che comprese senza enfatizzare la portata dell'evento e mise in guardia da eventuali sbavature secessioniste e razziste. Alla vigilia, in ogni caso, le previsioni scommettevano su una marcia di persone pacifiche, senza pericoli di ordine pubblico. E così fu. Ma nei giorni prima Bossi era riuscito a catalizzare l'attenzione dei media concentrati sul rischio delle eventuali dichiarazioni del leader. Estreme, populiste e volgari avrebbero potuto far esplodere il razzismo che serpeggiava ed esasperare le contrapposizioni *terùn-polentùn*, ben oltre i suoi piani.

Nell'ora della verità l'attentato all'unità nazionale rimane una chimera, ma la storia della Padania, che coincide da quel momento con quella della Lega Nord, è avviata verso un cammino di ascesa elettorale, dalle politiche alle amministrative, e di progressiva espansione sul territorio nazionale. La guida, l'*Umberto*, come lo chiamano i suoi, è l'Alberto da Giussano del postmodernismo produttivo del Nord, è il condottiero valoroso e impavido che sfida l'Unità d'Italia sbandierando secessione e riti celtici, ampolle d'acqua e fiumi sacri a cui ha dedicato anche la prole. Ma alla costruzione dell'immaginario deve affiancarsi un programma fatto di pragmatismo e proposte concrete per marciare oltre il Po.

Bossi e i suoi puntano alla secessione – poi rinunciandovi – per approdare a un altro obiettivo ben più concreto e meno fantasioso delle linee di demarcazione del Nuovo Nord: quello del federalismo. Tradotto sul piano pratico implica riduzione delle tasse, no agli sprechi e ai tributi versati a Roma ladrona, emblema del centralismo statalista. Eppure il collegamento tra secessione e federalismo nell'accezione di «riduzione delle tasse» è torbido e oscuro, specie nei primi anni Novanta. A soli quattro mesi dalla marcia sul Po e dal rito dell'ampolla, infatti, Giuseppe D'Avanzo era a Marsala per la commemorazione dell'impresa dei Mille. Nel corso della solennità, circondato da un migliaio di garibaldini in camicia rossa, incontrò Marco Pianezza, settantasei anni, da Ferrera, in provincia di Varese, che gli disse: «L'Umberto è un mio compaesano e quella roba lì della secessione proprio non se la doveva inventare». Insomma, questa storia dell'indipendenza del Nord pare una boutade per impaurire chi ancora è scettico e convincere la base ad aderire alla causa. Pianezza affranca la sua posizione in quanto testimone delle prime battaglie politiche del Carroccio e dei suoi referenti politici sul territorio: «Diciamola tutta, io li vedo al paese... Chi sono quelli che vanno dietro il Bossi? Glielo dico io! Quei democristiani che hanno votato i ladri per quarant'anni. Si dovrebbero prendere a schiaffi da soli e invece gli schiaffi vogliono dargli agli altri. Il Bossi è un furbacchione e gli dà una corda che, se la tiri ancora, finisce che si spezza. Intendiamoci, i problemi ci sono: quelle tasse lì non si possono ancora pagare. Ma che c'entra la secessione, con le tasse, non l'ho ancora capito»[9].

Se nei primi tempi la secessione era la parola d'ordine e l'embrione del progetto politico nazionale, nel 2001 Bossi ha definitivamente ceduto in favore di posizioni più morbide e rinunciato ai titoli su «La Padania» contro il "mafioso" Silvio Berlusconi (da *Soldi sporchi nei forzieri del Berlusca*, del 2 luglio, al lapidario paginone *Berlusconi sei un mafioso? Rispondi!*, del 19 agosto, entrambi nel 1998) per accettare di rimanere fedele alla coalizione di centrodestra. Il fantasma indipendentista è stato perfettamente strumentale al baratto per le riforme al fine di perpetrare una costante pressione – o minaccia – nei confronti delle varie forze politiche. Infatti già nel 1992 Gianfranco Miglio, ideologo della Lega Lombarda e sostenitore della secessione della Padania sulla base dell'antico diritto di resistenza medievale, spiegava che o passavano le riforme tanto auspicate dal Carroccio o altrimenti si sarebbe arrivati all'Italia divisa nel 1995. Spiegava infatti, insinuando volutamente il germe ribelle della Lega, che i padani, come gli italiani, forse avrebbero subìto il contagio tutto italiano della conquista del potere, a partire dalle amministrazioni locali, per uscire dalla Repubblica di allora. Per non lasciare dubbi sull'agenda del popolo del Nord, Miglio si affrettò anche a spiegare che per il Quirinale non avrebbero «sponsorizzato» nessuno e aggiunse che il futuro Presidente avrebbe avuto «delle gatte da pelare»[10], e, se avesse rifiutato le risposte della Lega, allora l'esercito di Bossi era pronto allo scontro frontale. Certo, peraltro, del sostegno di altre forze politiche.

La spada di Damocle della secessione pendeva sulle istituzioni repubblicane a ogni occasione: se le elezioni fossero state vinte dall'avversario di sinistra la secessione sarebbe stata «inevitabile», come la annunciò Roberto Maroni, in caso di mancato rinvio delle amministrative a Monza e Varese nel 1992, o ancora se le riforme non fossero state portate a termine. Se nella maggior parte dei casi era l'esca per le promesse disattese, a corrente alterna nella mente di Bossi si manifestava come unica via percorribile. Fu chiarissimo a Bagnolo San Vito in provincia di Mantova nel 1996, quando sgomberò il tavolo da eventuali equivoci o piani B: lì infatti ritenne giunto il momento per sedersi intorno a un tavolo e dividere il Paese proprio come era avvenuto pacificamente per la divisione della Cecoslovacchia in Repubblica Ceca e Slovacchia nel 1993. Tensione a fisarmonica in cui prima si alternano dichiarazioni sull'irrimediabilità della scelta poi, l'indomani, ci si dichiara *appena* possibilisti sul prendere squadra e righello come sentenziato ventiquattro ore prima. Se da una parte vuole rassicurare l'opinione pubblica, dall'altra, nelle adunate del suo popolo, confida di avere già avviato un dialogo anche con l'Europa per stabilire i *do's and dont's* di un'eventuale secessione.

Il confine tra la goliardia separatista e la sua reale attuazione non è un interrogativo da relegare alle variopinte cronache del folklore, visto che nel 1997 le dichiarazioni del leader del Carroccio preoccupavano quello che negli anni a venire sarà considerato il leader di sempre, Silvio Berlusconi, che dopo la partita Milan-Bologna dichiarò di considerare l'ipotesi di secessione un disastro per l'Italia. E invitava la Lega a ravvedersi per evitare di convincere i moderati a votare l'avversario. Difficile credere che proprio chi negli anni a venire, in veste di capo del governo e della coalizione di centrodestra, si sarebbe fatto carico delle istanze federaliste della Lega Nord, considerasse proprio il Carroccio la quinta colonna delle sinistre.

Nonostante la rottura del 1994 tra Berlusconi e Bossi, sarà proprio Forza Italia a impegnarsi in prima linea affinché fosse abolito il reato di attentato all'unità dello Stato previsto dall'art. 241 del Codice penale. A marzo del 1998, infatti, in commissione Giustizia del Senato era in discussione il DDL del leghista Francesco Speroni che prevedeva che il reato di attentato scattasse «solo in presenza di attività sovversive o di bande armate». Tuttavia nel corso della discussione degli articoli, Speroni presentò un emendamento per chiedere *tout court* l'abrogazione dell'art. 241, a cui risposero favorevolmente alcuni parlamentari di Forza Italia. Capofila fu Marcello Pera che spiegò la necessità dell'abrogazione di quella norma del codice, visto che la costituzione di banda armata, il possesso di armi, oppure la costituzione di frange militari erano reati già puniti dal codice. Quella norma era da abrogare, secondo Pera, in quanto puniva un reato d'opinione.

Sarebbe però sbagliato pensare che gli agguerriti militanti della prima ora si facessero impaurire dal sedicente reato di secessione. Anzi, esserne accusati era segno di onore e fedeltà per il popolo padano, come ha insegnato Mario Borghezio dando annuncio del processo del 7 febbraio 2006 a carico di quarantacinque esponenti della Lega a Verona: «È un onore, per me e per gli altri patrioti padani, essere rinviati a giudizio per il reato di secessione. Non si illudano, però, i solerti schiavetti dello Stato centralista: siamo e resteremo sempre quei padani coraggiosi che, con Bossi, hanno giurato fedeltà eterna alla Padania. Il diritto all'autodeterminazione, riconosciuto dall'ordinamento internazionale, ha legittimità e continuerà a legittimare la nostra lotta che si concluderà soltanto con la libertà della Padania»[11].

La secessione, quindi, non è soltanto il pretesto per gonfiare le vele del federalismo, ma una miccia da accendere nelle occasioni giuste, per rivendicare il proprio peso politico forti della fiducia degli elettori padani e con il sostegno incondizionato di Camicie Verdi e Guardia Nazionale Padana, pronte, in caso di necessità, a intervenire con le armi. Organizzazioni paramilitari a tutti gli effetti: infatti, nel gennaio 2010, trentasei militanti della Lega Nord, tra i quali il sindaco di Treviso Gian Paolo Gobbo e il parlamentare Matteo Bragantini, sono stati rinviati a giudizio dal GUP di Verona per associazione a carattere militare con scopi politici, abolita poi dall'introduzione del nuovo Codice dell'ordinamento militare a ottobre. Per cui, tutto potrebbe svanire in una bolla di sapone e l'accusa cadere[12].

In cambio della promessa del federalismo e dell'ingresso nella stanza dei bottoni di Roma, Umberto Bossi e i suoi hanno allentato le pressioni e diradato le occasioni in cui propinare il tema della secessione, grazie al progressivo cammino istituzionale del federalismo. Ma davvero l'istinto secessionista si è sopito sotto il peso delle promesse e del successo elettorale? La questione è tornata prepotentemente alla ribalta in vista dei festeggiamenti dei 150 anni dell'Unità d'Italia. I motori indipendentisti della Lega hanno iniziato a surriscaldarsi con le prime dichiarazioni di Roberto Calderoli, ex chirurgo maxillo-facciale: ospite di Lucia Annunziata a *In mezz'ora* non ha fatto mistero di volere snobbare le celebrazioni. Calderoli ha infatti spiegato, con invidiabile aplomb per un ministro della Repubblica, che lui e i suoi colleghi del Carroccio avrebbero disertato le cerimonia: «Io non so se ci sarò alle celebrazioni, anzi sicuramente sarò al lavoro per realizzare il federalismo»[13]. In barba dunque all'imprescindibile riconoscimento del valore nazionale delle istituzioni, per Calderoli rendere onore all'Unità d'Italia corrisponde a quello che Giuseppe Garibaldi e i repubblicani avrebbero, a ragione, considerato un paradosso. Per il ministro, infatti, «il miglior modo per festeggiare l'Unità d'Italia è l'attuazione del federalismo».

Il pretesto dei 150 anni risveglia il desiderio e i rigurgiti secessionisti all'interno del partito e dalla diserzione si passa con disinvoltura alle dichiarazioni apologetiche sull'indipendenza della Padania, che ritorna così prepotentemente alla ribalta. Calderoli non è isolato e fa da spalla alla sua posizione assenteista la difesa puntuale da parte di Umberto Bossi, che si appella alla storia: «Il Nord non voleva l'Unità d'Italia». E non è tutto: «I lombardi volevano la loro libertà, ma non pensavano all'Unità d'Italia, si trovarono nei pasticci per i Savoia. Io sono lombardo e quindi ci vado cauto a esagerare. Portiamo intanto a casa il federalismo e dopo discutiamo. Ci vuole prima un minimo di autonomia e libertà civile riconosciuta»[14]. Per i politici di maggioranza e opposizione è uno shock ascoltare le dichiarazioni dei due ministri, mentre fomentano il fantasma che credevano progressivamente sopito dopo la marcia sul Po, ma per i fedeli telespettatori di Telepadania, le dichiarazioni dei loro leader arrivavano a ragion veduta e corredate di un ampio background culturale. Di nicchia, ma ben curato nei dettagli. Basti ricordare la trasmissione *Fratelli nel sangue, la faccia violenta dell'Unità d'Italia*, la cui prima puntata andò in onda tutti i sabati dall'8 al 29 agosto 2009 su Telepadania. Forse, anche se non è mai stato dichiarato, come parodia sarcastica dei festeggiamenti per i 150 anni. Il format puntava a svelare il volto sanguinante del Risorgimento, per evidenziare la modalità con cui è avvenuta l'unità e dimostrare il tradimento dei valori di cui si faceva portatrice.

Mentre Bossi e Calderoli danno fuoco alle polveri, Luca Zaia e Roberto Cota cercano dal canto loro di minimizzare le posizioni di esponenti di spicco del partito sull'inutilità della ricorrenza, invitando, in nome del buon senso e in chiave anti spreco, a non abbandonarsi a «celebrazioni elefantiache». Ma il colpo netto che recide ogni dubbio arriva da Mario Borghezio che, senza mediazione, rompe gli indugi e svela la linea sotterranea – ma condivisa – che si riflette anche in due dei suoi ministri, Bossi e Calderoli. Secondo l'eurodeputato infatti, «la secessione non è eversiva», e si rivolge direttamente a Napolitano: «Il Presidente, che tutta la Lega, me compreso, stima sinceramente, nel proseguire la sua *lectio* sull'Unità d'Italia, questa volta si spinge a disegnare scenari drammatici in riferimento a chi anche soltanto "si trova a immaginare o prospettare secessioni o separazioni" dello Stato italiano. Al Presidente, la cui cultura giuridica e storica è fuori discussione, mi permetto di ricordare che il diritto all'autodeterminazione dei popoli è sacrosanto e riconosciuto da tutte le Carte internazionali, dall'ONU al Trattato di Lisbona e che i primi a parlare di "Nord libero" furono alcuni fra i più puri e coerenti protagonisti della Resistenza, lesti a comprendere chi e come avrebbe inevitabilmente imbrigliato il "vento del Nord", come poi è regolarmente avvenuto»[15]. Insomma anche la Resistenza sarebbe stata a sostegno della secessione, nonostante in occasione del 25 Aprile nessun ministro leghista abbia voluto presenziare alla commemorazione alla Scala, come ha ricordato il deputato UDC Pierluigi Mantini. Secondo lui la diserzione leghista dinanzi ai valori della Resistenza e dell'unità nazionale confermava il diniego della Lega ai valori della Costituzione.

Il contrario di quanto pensava nel 2000 l'attuale presidente della Camera Gianfranco Fini, secondo cui l'alleanza della Lega con il centrodestra era la prova provata dell'accettazione dell'unità nazionale. Proprio lui, nel cui simbolo di partito, prima MSI e poi Alleanza Nazionale, vedeva trionfare la fiamma tricolore, doveva garantire che i secessionisti della coalizione fossero per l'unità nazionale. A distanza di dieci anni, il problema si ripresenta, impetuoso, a livello istituzionale.

A tracciare un'analisi equilibrata e vigile nel clima di diserzione leghista e ritorno alla voglia di secessione è Luca Cordero di Montezemolo: sul sito della sua associazione online Italia Futura, un articolo a firma di Carlo Calenda e Andrea Romano lancia un monito all'indomani delle dichiarazioni di Roberto Calderoli: «È tempo di archiviare la benevolenza [...]. Quelle di Calderoli sono solo le ultime manifestazioni di una strategia che la gran parte della politica e del giornalismo italiano continua a leggere sotto la lente completamente inadeguata della "provocazione pittoresca"». Alla luce poi dell'importante successo elettorale, dalle politiche fino alle più recenti regionali, «è forse il caso di rivedere la chiave di questa benevolenza. Perché un partito che ormai governa due importanti regioni italiane e, nonostante questo, non sembra avere alcuna intenzione di abbandonare la sua campagna contro le istituzioni comuni e la nazione, merita di essere trattato per quello che è: un'organizzazione ideologica che mira al governo del Nord Italia contro il resto del paese e dunque alla rottura volontaria dell'unità nazionale»[16].

Oltre all'analisi legata alle dichiarazioni contro le celebrazioni dei 150 anni, Italia Futura offre una classificazione puntuale e mirata del Carroccio in un quadro politico di confronto più ampio e trasversale: la Lega, scrivono, è «un partito molto lontano dall'incarnare la versione padana della Democrazia Cristiana bavarese e per la sua contiguità con il razzismo aggravato dal secessionismo rappresenta piuttosto una versione nostrana del Fronte Nazionale lepenista»[17]. Finora nessuno ha imbracciato i fucili a Bergamo e dintorni per chiedere la separazione dal resto del Paese. Ma è pur vero che all'articolo 1 dello Statuto della Lega Nord approvato nel 2002 si legge: «Il Movimento politico denominato "Lega Nord per l'Indipendenza della Padania", costituito da Associazioni Politiche, ha per finalità il conseguimento dell'indipendenza della Padania attraverso metodi democratici e il suo riconoscimento internazionale quale Repubblica Federale indipendente e sovrana»[18]. La finalità non è mai stata smentita. Il punto di approdo per il Carroccio, stando a quanto è scritto, rimane quindi la secessione.

Eppure la secessione non è un'utopia relegata nelle menti dei colonnelli più ortodossi e tradizionalisti, ma un'esigenza che nasce e si concretizza sul territorio. A sud della Romagna, ad esempio, dove la retorica della Lega locale è più vicina al vecchio PCI che all'arringa guerrafondaia del lombardo-veneto, si è realizzata la prima secessione "dolce". A nord delle Marche infatti sette comuni «sono riusciti, per la prima volta nella storia repubblicana, a cambiare provincia e regione»[19], perché «qui la gente si sente romagnola, per accento, per cucina». E così l'11 agosto 2009 a Casteldelci, Maiolo, Novafeltria, Pennabilli, San Leo, Sant'Agata Feltria e Talamello il Carroccio ha potuto festeggiare la prima secessione riuscita che ha portato le piccole municipalità ad abbandonare la provincia di Pesaro e Urbino per confluire in quella di Rimini. Le celebrazioni per il passaggio dalle Marche all'Emilia Romagna erano già state annunciate da Gianluca Pini, deputato e Segretario Nazionale della Lega Nord Romagna, che il 29 luglio comunicò che il suo partito aveva «ridato dignità al popolo dell'alta Valmarecchia» che ora poteva «ritornare alla sua madre patria». Pini ha saputo comprendere le istanze dei cittadini che volevano lasciare le province marchigiane, da cui si sentivano trascurati perché, oltre a una maggiore vicinanza culturale con la Riviera, volevano strade migliori, non quelle «sfasciate, piene di curve e di buche»[20].

Per raggiungere questo risultato è stato seguito l'iter legislativo previsto dall'articolo 132 della Costituzione[21]: prima il referendum del 17 e 18 dicembre del 2006 dove l'83,91% dei votanti si espresse a favore della secessione da Pesaro per l'annessione alla Romagna, poi il parere non vincolante delle regioni e infine una legge parlamentare con doppio passaggio alla Camera e al Senato, approvata il 3 agosto 2009. Per dichiararsi in un'altra regione, a questo punto, sarebbe bastata solo la pubblicazione sulla Gazzetta Ufficiale e da lì Pesaro e Urbino avrebbero perso 328 chilometri quadri del proprio territorio, mentre Rimini avrebbe visto «la sua provincia aumentare di un terzo abbondante»[22]. Il caso della Valmarecchia è il fiore all'occhiello per la Lega che crede fortemente nell'autonomismo fondato sul senso di appartenenza delle comunità locali. Forte del successo delle ultime elezioni regionali in Emilia Romagna, dove ha ottenuto il 13,7% dei voti e il record del 34% a Bettola, paese natale di Pier Luigi Bersani, in provincia di Piacenza, Calderoli ha ben pensato di rispolverare il tormentone della Valmarecchia per riaprire il dibattito sulla separazione tra Emilia e Romagna, e da Faenza tuonava: «La Romagna è da troppo tempo una colonia dell'Emilia: il tempo delle colonie è finito. È arrivato il momento di fare la regione Romagna». Se Roma è ladrona per il governo nazionale, Bologna è il simbolo dello statalismo nella regione più rossa d'Italia. Calderoli non ha dubbi: «Un voto in più alla Lega è un giorno in meno da schiavi di Bologna. Se fosse per Vasco Errani, la Valmarecchia sarebbe ancora nelle Marche. Noi vogliamo portare in Consiglio regionale un gruppo denominato Lega Nord Romagna»[23]. A questo non siamo ancora arrivati, ma le intenzioni sono serie. Un caso, quello dei sette comuni, strumentalizzato dalla Lega grazie all'assenza del centrosinistra. Vincenzo Sebastiani, sindaco di centrosinistra di Novafeltria, ha apprezzato il risultato ma profondamente criticato le modalità del Carroccio, scavando però sulle ragioni del successo: «Hanno strumentalizzato l'operazione, e la legge 117 che sancisce il passaggio dei comuni ad altre regioni, è fatta in fretta e male. Non consente modifiche al patto di stabilità, non ammette un iter dolce. E ricordiamo che il parere non vincolante è stato dato da regioni di centrosinistra e la legge approvata al Parlamento con una maggioranza bulgara». E il sindaco, nostalgico di Berlinguer e della "questione morale", ammette: «Non ci sono più i cattocomunisti di una volta, che erano presenti sul territorio. Oggi li sostituisce la Lega. Presenti sul territorio e con la pretesa di avere sempre ragione»[24].

Di regione in regione, di (mini)secessione in secessione.

Note

[1] Michela Mantovan, *Bossi sul Po, un rito per la secessione,* in «Corriere della Sera», 13 settembre 1996.

[2] Francesco Jori, *Dalla Liga alla Lega. Storia, movimenti, protagonisti*, Venezia, Marsilio 2009, p. 101.

[3] Adalberto Signore, *Dal Monviso a Venezia, Bossi torna al "dio Po"*, in «ilGiornale.it», 17 settembre 2005.

[4] Claudio Mercandino, *In Piemonte il vento razzista*, in «la Repubblica», 3 settembre 1989.

[5] Giampiero Rossi - Simone Spina, *Lo spaccone. L'incredibile storia di Umberto Bossi padrone della Lega,* Editori Riuniti, Roma 2004, p. 31.

[6] Adalberto Signore - Alessandro Trocino, *Razza padana*, cit., p. 190.

[7] *A Marcallo arrivano i Celti: al via oggi l'Insubria Fest*, in «La Padania», 24 aprile 2008.

[8] *Bossi ha deciso: suo figlio si chiamerà Eridano Sirio*, in «Corriere della Sera», 14 agosto 1995.

[9] Giuseppe D'Avanzo, *Torna Garibaldi, per battere Bossi,* in «la Repubblica», 12 maggio 1996.

[10] Cfr. ANSA, 14 aprile 1992.

[11] Cfr. ANSA, 13 agosto 2005.

[12] *Processo alle "Camicie verdi". Udienza rinviata a novembre*, in «corrieredelveneto.it», 1 ottobre 2010.

[13] *In mezz'ora*, RAI Tre, 2 maggio 2010.

[14] *Unità, Napolitano: festeggiare non è tempo perso*, in «ilgiornale.it», 5 maggio 2010.

[15] Gianluca Marchione, *150 anni Unità d'Italia. L'omaggio di Napolitano ai Mille e le critiche ai "secessionisti"*, in «Fondazioneitaliani.it», 11 maggio 2010.

[16] Carlo Calenda - Andrea Romano, *L'estremismo ideologico della Lega*, in «Italiafutura.it», 3 maggio 2010.

[17] *Ibidem.*

[18] Statuto della Lega Nord per l'indipendenza della Padania, art. 1.

[19] Paolo Stefanini, *Avanti Po*, Il saggiatore, Milano 2010, p. 218.

[20] *Ibidem.*

[21] Si può, con legge costituzionale, sentiti i Consigli regionali, disporre la fusione di Regioni esistenti o la creazione di nuove Regioni con un minimo di un milione di abitanti, quando ne facciano richiesta tanti Consigli comunali che rappresentino almeno un terzo delle popolazioni interessate, e la proposta sia approvata con referendum dalla maggioranza delle popolazioni stesse. Si può, con l'approvazione della maggioranza delle popolazioni della Provincia o delle Province interessate e del Comune o dei Comuni interessati espressa mediante referendum e con legge della Repubblica, sentiti i Consigli regionali, consentire che Province e Comuni, che ne facciano richiesta, siano staccati da una Regione e aggregati a un'altra.

[22] Stefanini, *op. cit.*, p. 219.

[23] *Calderoli propone un'altra secessione: «La Romagna si separi dall'Emilia»*, in «blitzquotidiano.it», 20 marzo 2010.

[24] Eleonora Bianchini, *Valmarecchia, la secessione leghista festeggia un anno e crea consensi*, in «ilfattoquotidiano.it», 6 agosto 2010.

Pontida

È inutile il Tricolore. Lo metta al cesso, signora!

UMBERTO BOSSI

La Lega che si riconosce solo nel verde delle sue Camicie e nel desiderio di un'Italia post secessione fatica a trangugiare festività e simboli nazionali. Il Carroccio non ha mai condiviso l'accettazione supina delle tradizioni repubblicane e delle sue ricorrenze né le ha mai accettate come *conditio sine qua non* per entrare nell'agone politico italiano. Non ha mai usato toni encomiastici per il valore di unità rappresentato dalle cariche dello Stato, perché il carattere unitario del nostro Paese è cosa per cittadini anacronistici e garibaldini nostalgici, non per padani rivoluzionari. Quindi, per ragioni di coerenza, la Lega vuole che la festa della *sua* unità nazionale non sia quella celebrata il 2 Giugno, e dal 1990 ha preferito un'alternativa che potesse iscriversi nella tradizione del partito. Se l'aspirazione è quella di essere Padania unita, allora non esiste luogo migliore di Pontida per celebrare il sogno del Senatùr. È questo piccolo comune di poco più di tremila anime in provincia di Bergamo a essere stato scelto come sede per rinnovare ogni anno la sacralità e la fedeltà dei popoli padani alla causa di Umberto Bossi, a otto secoli dal giuramento delle ventisei città della Lega Lombarda contro Federico Barbarossa, sconfitto nella battaglia di Legnano del 1176 da Alberto da Giussano. Lo stesso, per intenderci, che compare nel logo delle biciclette Legnano a cui si ispirò il Senatùr per l'ideazione del simbolo del partito.

Pontida è divenuto l'appuntamento annuale in cui la Lega sotto la guida di Bossi, autoproclamatosi nuovo condottiero del

Carroccio[1], si ritrova unita per confermare la convinzione nei propri obiettivi secessionisti (prima) e federalisti (poi). Bossi è convinto di leggere la storia, come l'inno di Mameli, tutta a sostegno dell'idea storiografica e filologica della Padania. Ma gli errori di interpretazione sono madornali. Non dimentichiamo infatti che il mito di Pontida è stato coltivato dai padri del Risorgimento, «sublimato dal calzolaio Celestino Riva (il quale, sbarcato coi Mille a Marsala, perse un braccio a Calatafimi) e dai quattro paesani che partiti a seguito del condottiero fecero di Pontida il paese più garibaldino d'Italia. Cuore della provincia più garibaldina, quella Bergamo che diede 174 camicie rosse con la prima ondata più altre 1400 con le successive»[2]. Ma a Bossi la storia sembra non importare.

L'affronto rispetto ai festeggiamenti del 2 Giugno è sventolato a suon di titoli sui quotidiani nazionali, che ogni anno ripropongono la Lega ribelle che preferisce Pontida, e su «La Padania» campeggia il countdown dell'evento sul sacro prato. Un appuntamento di fedeltà da consumarsi sul suolo del paesino bergamasco, tra bandiere di origine camuna con il Sole delle Alpi («si tratta di un simbolo solare, essenzialmente grafico, non vincolato a determinati colori, che solo un grosso somaro può assimilare alla foglia di marijuana», si legge sul sito della Lega di Varese), barbe lunghe dipinte di verde, uomini nerboruti di mezza età inorgogliti dal casco vichingo, che indossano sovrastato da corna posticce.

Il 1 giugno 2010, alla vigilia della Festa della Repubblica, Roberto Calderoli, ministro della Repubblica, scalda gli animi con il suo editoriale su «La Padania»: «Finalmente Pontida! Mancano soltanto tre settimane al nostro grande raduno. Un appuntamento atteso e sentito da tutti noi che, quest'anno, cade in un momento particolare: quello dell'approvazione dei decreti attuativi del federalismo fiscale, il cui primo decreto, quello riguardante il federalismo demaniale è già entrato in vigore»[3]. I motori sono caldi: Pontida deve essere lo show per riconfermare la fedeltà dei militanti alla causa leghista da galvanizzare con lo slogan "padroni a casa nostra".

In barba all'approssimarsi del 2 Giugno, Calderoli non fa nemmeno cenno alle polemiche per la mancata partecipazione, come tutti gli anni, dei ministri e della dirigenza di partito alla Festa della Repubblica, anzi. E che Pontida sia, allora, con le bandiere padane bene in vista, perché come dice lo slogan dai toni di Sacro Impero dell'ultima edizione, "quando il popolo padano cammina, piega la storia".

Pontida, con il suo prato rigorosamente verde plasmato sul mito di Alberto da Giussano e del patto di lealtà tra i comuni della Lega lombarda, era destinata a diventare il luogo della perpetrazione della politica di Bossi, il palco da cui si alternavano federalismo e secessione in nome dell'identità del Nord. Un unicum in Italia, Stato senza essere nazione, da preservare e far marciare nella direzione decisa dal suo leader. Infatti, «quella spianata di verde, neanche a farlo apposta il colore della Lega, [...] è diventato il simbolo di un altro storico giuramento, anche se un po' più recente, che si ripete ogni anno tra discorsi e folklore, dal 1990. [...] Una distesa naturale dove, che piaccia o no, la Lega Nord ogni anno raccoglie le forze dei suoi militanti, dei suoi sostenitori per rilanciare le proprie sfide politiche e sociali che, nel bene e nel male, non sono destinate a rimanere dentro al cassetto dei sogni»[4]. Indubbio che rilanci le sfide e garantisca l'avanzamento del federalismo fiscale, nonostante i suoi costi e la relativa sostenibilità economica siano ancora avvolti nel mistero.

Nella prima Pontida, tre dei militanti accorsi, in barba al latino, innalzano con orgoglio la personale proposta per onorare il leader: «Sen. Bossi, premio nobel ad honorem causa, lombardia libera». Il messaggio è chiaro, la forma linguistica, del tutto marginale, solo un mezzo. Alla prima marcia erano presenti solo qualche centinaio di persone. Pochi ma agguerritissimi pronti al tifo da stadio per Bossi, mentre sul prato i fan della prima esibivano striscioni con la scritta "Lombardia uguale a Lituania, la Lega contro Roma", e "Roma padrona la Lega non perdona". Il giorno di Pontida del 1990 corrisponde anche alla rievocazione storica del giuramento della Lega Lombarda e la pro loco locale è preoccupata che la marcia dei militanti possa offuscare la loro manifestazione. Ma ormai nessuno può stravolgere i piani di Bossi. Nemmeno quando il Comune accende gli altoparlanti per le prove di un brano delle *Quattro Stagioni* di Vivaldi: Bossi sta arringando la folla che è colta di sorpresa, come lui, dalla musica. Ma nessun problema, rassicura, perché la voce dei padani secondo lui è più potente. Infatti, la sua verve oratoria vince su Vivaldi: spiega che per la Lega Pontida non è solo un fatto storico ma la festa dei lombardi, impegnati a costruire l'*uomo nuovo*, che combatte la burocrazia centralista di Roma in nome della propria libertà.

Pontida, oltre che essere una sede dove galvanizzare il popolo verde, è anche l'appuntamento dove il partito ha *sempre* qualcosa da festeggiare. Nell'editoriale di Calderoli su «La Padania» del 1 giugno 2010 è l'approvazione del federalismo demaniale, nel 1994 era il successo alle elezioni politiche. Lontana dai congressi di partito, troppo istituzionali e pacati, la Lega preferisce Pontida per autocelebrarsi senza contraddittorio, per risultare in un'unica anima compatta e combattiva, nonostante le diverse anime: da Roberto Maroni a Roberto Calderoli, ovvero Varese contro Bergamo, passando per Mario Borghezio, i toni della battaglia assumono più sfumature. Lì però tutto si fonde, tutto si unifica nella voce del leader.

Se Pontida rappresenta l'orgoglio dei popoli *lumbard* e la Festa della Repubblica in salsa padana, anche i simboli nazionali sono accantonati in nome della missione indipendentista. Il Tricolore e l'inno di Mameli infatti sono sempre stati al centro di agguerrite e sboccate polemiche in nome dell'anelito identitario. Al posto di una singola bandiera, meglio proporre quelle delle venti regioni fino agli stemmi dei comuni più piccoli. Ben accette anche le bandiere di Lituania, Tibet, Lapponia, Birmania e Paesi Baschi e di tutti i Paesi che, come vedremo, prendono parte al Trofeo delle «nazioni non riconosciute». L'importante è che non si tratti di Stati-nazione. L'individuazione di bandiere *ad hoc* da sventolare a ogni occasione pubblica diventa motivo di orgoglio e di rigoroso intendimento del principio padano dell'identità che, oltre che di sostanza, vuole riportare alla luce il primato del territorio smarrito nel processo di «modernizzazione e capitalismo fattosi globalizzazione»[5]. Anche la scelta di bandiere e inno, in antitesi con il sentimento di valori nazionali condivisi, sono la linea di demarcazione di un partito-popolo che dinanzi alle istituzioni romane ostenta la sua alterità, tutta costruita a tavolino. Infatti, la Lega «nasce e mantiene il radicamento per il suo fare condensa di queste tre figure: gli spaesati, coloro che, letteralmente, si sono sentiti senza più paese nelle tante microcomunità di montagna e nel continuum urbano della Pedemontana lombardo-veneta; gli stressati del capitalismo molecolare, pulviscolo di produttori dispersi in filiere territoriali messe sotto stress dalla competizione globale; i naufraghi del fordismo, ovvero quei ceti operai che subiscono una crisi di rappresentanza inarrestabile, spesso confinati in periferie metropolitane il cui tessuto sociale conosce un processo di deindustrializzazione inteso come flusso demolitore»[6].

Se il primato deve tornare al territorio, al via con le bandiere locali. Già il 25 ottobre 1995, il segretario della Lega Nord Piemonte, Gipo Farassino, cantava vittoria per la promozione della bandiera della battaglia dell'Assietta a vessillo regionale, non più di patrimonio del solo Carroccio. È la bandiera storica di casa

Savoia, sventolata dai soldati piemontesi nel 1747 quando respinsero l'armata francese. Croce bianca su sfondo rosso (colori invertiti rispetto alla bandiera crociata) e lambello azzurro per ricordare le tre casate del Piemonte, Angiò, Acaja e Savoia. Gli stendardi sono il *viral marketing* per veicolare il concetto indipendentista: il 19 giugno 1996 Giancarlo Pagliarini, allora deputato, invitò a mezzo stampa a individuare tra la folla le bandiere della Padania durante la partita Italia-Germania a Manchester; in seguito, alcuni patrioti padani fissarono sulla rocca di Arona una grande bandiera della Padania per dimostrare, con profondo sprezzo del pericolo, la loro fedeltà; poco prima, a ottobre, ne era stata issata un'altra sul San Carlone, la celebre statua di San Carlo Borromeo alta ventiquattro metri; per finire con la bandiera padana e l'aquila altoatesina issate in cima alla Vetta d'Italia, a 2912 metri.

La Lega usa le sue bandiere per marcare il carattere identitario sul territorio e le consegna nelle occasioni ufficiali alle autorità nazionali. Corrado Della Torre, ad esempio, ex capogruppo alla Regione Lombardia, regalò a Carlo Azeglio Ciampi lo stendardo della Padania per ricordare quanto per l'Italia fossero dirimenti le riforme istituzionali e un serio federalismo. Nell'iconografia di partito tutte le bandiere delle minoranze linguistiche e dei "popoli senza nazione" rafforzano il concetto identitario. L'unica bandiera indesiderata è il Tricolore. A chiarirlo inequivocabilmente è, da buon pastore, Umberto Bossi. Nel 1997, nel corso del comizio per la Festa dei Popoli padani a riva dei Sette Martiri a Venezia, una signora, Lucia Massarotto, aveva esposto la bandiera italiana al suo davanzale. Alla sola vista, Bossi non ebbe alcun indugio e gridò, dal palco del comizio: «Il Tricolore lo metta nel cesso, signora! Ho ordinato un camion a rimorchio di carta igienica tricolore, personalmente, visto che è un magistrato che dice che non posso avere la carta igienica tricolore». Il riferimento volava al procuratore capo di Verona Guido Papalia che aveva avviato le indagini contro le Camicie

Verdi, accusate di attentato all'unità dello Stato. La Massarotto per dodici anni, in occasione del raduno, ha continuato a esporre il Tricolore e ha avvertito sul pericolo delle ambizioni leghiste. Per lei infatti il Carroccio non è mai stato il partito del folklore. «I cittadini dovrebbero sapere chi è veramente il popolo leghista. Non è sempre quello che appare in tivù, moderato nei toni e accondiscendente con l'interlocutore. Anzi. Dalla mia finestra ho sempre sentito parole forti, manifestazioni di odio e anche molti insulti. In riva Sette Martiri la Lega è un'altra cosa»[7]. Il popolo dei comizi caldi, a briglia sciolta, si lascia andare a toni ben più sprezzanti o populisti rispetto alle dichiarazioni dei colonnelli. «Sapesse quante critiche, per usare un eufemismo, ho sentito rivolgere dal parlamentare padano di turno a Berlusconi. Ma poi, come vede, le cose cambiano. E ora eccoli là tutti assieme. Personalmente detesto le persone che non sono coerenti»[8].

Il 26 luglio dello stesso anno, Bossi si era ancora pronunciato sul Tricolore a Cabiate, in provincia di Como: «Quando vedo il tricolore mi incazzo. Il tricolore lo uso per pulirmi il culo», aveva detto, e l'esternazione gli era costata la condanna a un anno e quattro mesi di reclusione, con la sospensione condizionale, per vilipendio della bandiera[9]. La sentenza è poi stata confermata dalla Cassazione nel 2007 e commutata a seguito della modifica della pena prevista per il reato di opinione. Il risultato: solo tremila euro da pagare. Per le affermazioni di Venezia, invece, la Camera non diede l'autorizzazione a procedere.

Tuttavia non si innalzano solo i vessilli che rappresentano popoli con velleità indipendentiste o radici da imitare. Infatti, esiste un'eccezione.

C'è una bandiera adorata dalla Lega che non ha nulla a che fare con le minoranze linguistiche o i ricordi di un passato glorioso: quella del Milan, di cui Matteo Salvini, fondatore dei

Comunisti padani e oggi europarlamentare, è tifoso sfegatato. Il 16 dicembre 2007, ad esempio, mentre la squadra di Silvio Berlusconi era a Yokohama per la finale del Campionato del mondo per club, Salvini si è presentato sul palco di piazza Duomo con una bandiera rossonera.

La creatività del partito, in ogni caso, non si ferma agli sdoganamenti di vessilli d'antan o agli attacchi al vetriolo di Bossi, ma si concretizza nelle proposte di alcuni esponenti di punta. Roberto Castelli, a seguito del referendum in Svizzera del novembre 2009 che aveva bocciato la costruzione di nuovi minareti nella Confederazione, aveva proposto che nel Tricolore fosse inserita la croce cristiana. Se non si può cambiare il Tricolore, almeno infarcirlo con qualche simbolo che ricordi le origine cristiane e, soprattutto, non islamiche. E l'insofferenza per il tricolore non serpeggia soltanto nelle file della dirigenza che vuole aizzare l'elettorato a suon di proclami. Basta ricordare Barbara Mingardi, assessore ai Servizi sociali al Comune di Malnate in provincia di Varese, che sulla pagina Facebook del gruppo «Io il tricolore lo uso così» aveva inserito nel profilo un rotolo di carta igienica tricolore. Colta sul fatto, mentre montavano le proteste, ha commentato a mezzo stampa: «Guardi, mio nonno era maresciallo dei carabinieri, ma non credo di aver offeso proprio nessuno. Tra noi leghisti ne diciamo ben di peggio, le assicuro. Sono chiacchiere da bar, discorsi magari un po' villani, però genuini. Potevo esprimermi meglio, stare più attenta a ciò che lascio scritto in giro, visto che ho un ruolo pubblico. Ma che ci devo fare se a me la bandiera mi dà fastidio?»[10]. Lapalissiano. Possibile che la Mingardi non esibisse alcun imbarazzo istituzionale riguardo al suo delirio antibandiera? Pare proprio di no visto che la Lega, desiderosa di correre ai ripari, si era affrettata a ribattezzare il gruppo "secessionisti al 34,2%".

Il Tricolore non può vivere da solo il suo esilio dalla mente e dai cuori della Padania pulsante e i tentativi di manipolazione della bandiera si sommano a quelli dell'inno di Mameli. *Va' pensiero*, infatti, rappresenterebbe di diritto il volere della Padania che si libera dalla servile dipendenza da Roma "ladrona". Il disappunto di Bossi nei confronti degli avversari si esprime tramite gesti dell'ombrello e dita medie che puntano contro il cielo. «Non dobbiamo più essere schiavi di Roma. L'inno dice che "l'Italia è schiava di Roma...", toh! dico io», aveva dichiarato durante il congresso da Padova nel 2007, acclamato dalla standing ovation del suo popolo[11]. Peccato che il Senatùr non conosca il senso dell'inno: infatti, Mameli intende che la dea Vittoria e non l'Italia sia schiava di *Roma semper victrix*, ovvero sempre vittoriosa. Ma a Bossi il senso filologico non interessa, così come se ne infischia che Legnano sia l'unica località citata nell'inno. Per svalutare ancor più l'inno nazionale, poi, spiega che gli italiani non lo conoscono a memoria. Secondo lui, infatti, il popolo del Nord conosce le parole del *Va' pensiero*, mentre incespica sull'inno di Mameli. Ma cosa c'entrano la nostalgia degli Ebrei esiliati a Babilonia e i rimandi al fiume Giordano con l'identità della Padania? Nulla, ma non importa. Perché tutto lo squadrone leghista batte il ferro dell'ignoranza filologica. Nessuno che dica a Bossi della gaffe interpretativa, anzi. Carolina Lussana rincara la dose e spiega che il verso «schiava di Roma» per lei è anacronistico, anche se non corrisponde al senso del brano. E ogni occasione è buona per rivendicare la propria estraneità all'inno, inclusa la cerimonia inaugurale dei Mondiali di ciclismo a Varese nel 2008, dove Umberto Bossi, allora ministro delle Riforme, durante l'inno rimase seduto e zitto. Così come fecero i papaveri di partito.

Decisi a fare valere le istanze del regionalismo populista, Federico Bricolo, capogruppo al Senato, ha proposto la modifica dell'articolo 12 della Costituzione, immutato e indiscusso dal 1948, che prevede il Tricolore come bandiera della Repubblica. A questo, Bricolo vorrebbe aggiungere bandiera e inno *ad hoc* per ogni regione. Che cosa significa? Che «i vessilli regionali sarebbero così equiparati al Tricolore. Mentre gli inni lombardo, toscano o campano, supererebbero per rango l'inno di Mameli, che non è citato dalla Costituzione e cui pure la Lega ha sempre preferito il *Va' pensiero* di Giuseppe Verdi»[12]. Nonostante maggioranza e opposizione ridano della proposta regionalista, Bricolo la riconduce *naiv* sui binari della più cristallina ragionevolezza: «Non è una proposta di legge che va contro qualcosa o qualcuno ma chiede il riconoscimento delle bandiere e degli inni regionali per valorizzare simboli identitari che sono ricchezza per tutti»[13].

Tra proposte di inni, ben meno urgenti delle riforme di cui il Paese ha bisogno, fanno capolino anche decisioni assai più arbitrarie su quelli che, fino a prova contraria, risultano ancora essere i simboli nazionali. Luca Zaia, ex ministro delle Politiche agricole e oggi governatore del Veneto, ha deciso di sostituire l'inno di Mameli col *Va' pensiero* per l'inaugurazione della scuola primaria di Fanzolo in provincia di Treviso. Al taglio del nastro, aveva avvertito i suoi collaboratori di non gradire le note di Mameli e così, in fretta e furia, è partito il brano del *Nabucco*. I giornali pubblicano la notizia e lui prontamente smentisce. Nel rituale della politica dove la forma è sostanza, Ignazio La Russa, berlusconiano ex Fiamma tricolore, sfoggia acrobazie intellettual-politiche per dubitare di quanto riportato dai media: «Mi sembra impossibile anche perché il *Va' pensiero* è ancora più patriottico dell'inno di Mameli, e dunque sarebbe contraddittorio per un leghista. Comunque se fosse vero sarebbe grave»[14]. Il governatore del Veneto adotta la linea difensiva e scarica le colpe su Giampiero Beltotto, il portavoce. È evidente però che la sua funzione, come quella dei suoi omologhi, «è quella di non avere voce, di non parlare mai per sé, di indossare gli abiti di Zaia per far credere al mondo di essere Zaia»[15]. Insomma, Zaia smentisce e il portavoce si prende la colpa, in un cortocircuito imbarazzante perché «da sempre in Italia quella del portavoce intemperante è solo una povera furbata, una piccola viltà da politico ventriloquo»[16]. «La Padania», da buon media crociato, non cede il passo agli assalti trasversali e critica la contestazione che proviene dalla vecchia Alleanza Nazionale, da Italo Bocchino e Gianfranco Fini in particolare. Anzi, maschera il distacco verso i simboli nazionali da pragmatismo necessario per il bene del Paese, per smettere di guardare il dito anziché la luna. Infatti, «più urgente di discutere di patriottismo è salvare la patria. Possibile che proprio i patrioti DOC non lo capiscano?»[17].

Straordinario fantasista che guarda oltre il *Va' pensiero* e approda su lidi inesplorati è Roberto Maroni, che ha celebrato la Festa della Repubblica secondo un personale rito padano. Il ministro dell'Interno, assente secondo lui giustificato alle celebrazioni del 2 Giugno, ha festeggiato nella *sua* Varese, come da tre anni a questa parte: in prefettura la banda che suonava davanti a lui non ha nemmeno accarezzato l'idea di accennare *Fratelli d'Italia*. Avventurarsi in *Va' pensiero* sarebbe stato considerato sovversivo e rivoluzionario, perciò ha deciso di ripiegare su altri brani *insospettabili*. Ed ecco cosa è successo: i componenti dell'Orchestra Giovanile Studentesca della Provincia di Varese, diretta da Lucia De Giorgi, si sono esibiti suonando *La Gatta* di Gino Paoli, Andrea Bocelli e altri brani italiani degli anni Cinquanta. Qualche cittadino aveva reclamato *Fratelli d'Italia*, ma il cerimoniale non lo aveva previsto. Dal vilipendio al ridicolo.

Oltre alla bandiera e all'inno, per completare i simboli nazionali, la Lega ha pensato anche a una squadra di calcio, lo sport che nel Belpaese unisce più del Tricolore. Composta di autoctoni del Nord, si chiama – guarda caso – *Padania*. La divisa, come il prato sacro e le camicie, rigorosamente verde. A strisce orizzontali, bianche e verdi con pantaloncini bianchi per le partite in casa, verde tinta unita integrale per le trasferte. È una squadra che non rientra tra le formazioni calcistiche professioniste ed è affiliata alla Non Fifa Board che include squadre non riconosciute a livello internazionale, perché non rappresentano stati sovrani. Al momento ha trentun membri, tra cui Occitania, Tibet, Camerun meridionale, Kurdistan, Vallonia e, ovviamente, Padania. Il paradosso, nonché pena del contrappasso, è che nella stessa federazione calcistica dei verdi antimmigrati e ben prima antimeridionali, figura anche la squadra rom, entrata ufficialmente nella NFB il 25 marzo 2006, e il Regno delle Due Sicilie.

Il *Padania Calcio* esordisce il 1 marzo 1998 con quella che sarà ricordata come la sua più clamorosa sconfitta contro la Ausonia a Benevento. In curriculum, però, anche numerose vittorie: le più importanti risalgono all'anno dell'esordio quando il 18 luglio riuscì a battere con dodici gol di vantaggio il Südtirol e dieci anni dopo replicò lo stesso successo contro il Tibet. In vena di successi, la squadra si è aggiudicata il Viva World Tour a Gozo nel 2010 ed è prima sul podio anche per il numero di titoli conquistati.

Elemento di spicco dell'orgoglio di Umberto Bossi e famiglia, la squadra è guidata dal figlio Renzo, oggi consigliere regionale in Lombardia. Bossi jr non nasconde ai microfoni e alle telecamere l'orgoglio per la squadra fasciata nelle divise verdi, uno dei pochi argomenti su cui si può dire preparato. La politica, del resto, si fa anche sul campo da calcio sfidando avversari di cui si condividono le istanze indipendentiste e la malinconia di non essere nazione. Ma se i conterranei dei giocatori del Kurdistan o rom tentassero di entrare in Italia e non rimanessero *a casa loro,* si trasformerebbero da avversari calcistici a bersagli prediletti. Del resto è un *Leitmotiv* stampato sulle magliette padane quello dei "Più rum meno rom". L'aspirante delfino, ribattezzato "Trota" dal padre perché non ancora all'altezza, ha una visione del calcio molto padana: interpellato in occasione di Sudafrica 2010, ha spiegato che non avrebbe tifato la Nazionale italiana[18] e a Radio24, appena eletto, aveva dichiarato di non seguire i Mondiali. Provocazioni esplose nell'agone politico e rincarate anche dalla boutade di Roberto Calderoli che, vista la crisi, ha invitato i giocatori a devolvere parte dei propri emolumenti in caso di vittoria, sulla scia dei tagli stabiliti per politici (10% dello stipendio)[19].

Ma il colpo di grazia in zona Mondiale lo sferra Radio Padania che nella sua radiocronaca di Italia- Paraguay, decide di tifare per gli avversari. Roberto Ortelli, lo speaker da via Bellerio esulta in diretta per la rete segnata dai sudamericani e ringrazia Fabio Cannavaro «che si è fatto sovrastare dal centravanti paraguayano»[20]. La stoccata al capitano non è casuale: infatti è stato proprio lui a rispondere per le rime a Calderoli sulla querelle degli emolumenti. Il capitano, a fronte della boutade, ha replicato in coro con Gigi Buffon che la Nazionale ha deciso di destinare una parte della vincita al fondo per le celebrazioni dei 150 anni dell'Unità d'Italia. Alla faccia di chi grida "Padania libera". Nel giorno delle polemiche, Ortelli minimizza: «Premesso che si trattava soltanto di goliardia non sono né pentito né fiero, ma orgoglioso di essere entrato addirittura nei pensieri di Lippi, che evidentemente non ha nulla di meglio a cui pensare»[21]. La strategia è sempre quella: lancio del sasso, ridimensionamento o smentita. Non c'è pentimento, solo soddisfazione per la visibilità e le polemiche.

E tra Padania Calcio e Nazionale si realizza il sogno di Renzo, che non è nelle coppe ma in una loro futura sfida. Le prove generali si sono tenute nel maggio del 2009 con una partita di calcetto contro la Federazione italiana Futsal, cinque contro cinque. Un match che secondo il coach «è l'anticipo di quella che sarà la partita delle partite: Italia-Padania di calcio a 11, a San Siro. Un giorno si giocherà pure quella»[22].

Un giorno, forse. Per ora basta il calcetto e un dirompente entusiasmo visionario.

Note

[1] Roberto Bianchin, *Alberto da Giussano sono io. Barbarossa? Lo Stato centralista*, in «la Repubblica», 28 luglio 2008.

[2] Sergio Rizzo - Gian Antonio Stella, *Dalle camicie rosse ai furbetti del latticino*, in «Corriere della Sera», 9 ottobre 2010.

[3] Roberto Calderoli, *Tutti a Pontida per il federalismo*, in «La Padania», 1 giugno 2010.

[4] Marco Fattorini, *La Lega da Pontida al centro-Italia. Storia-ritratto del partito-movimento di Bossi*, in «ilpolitico.it», 9 giugno 2009.

[5] Aldo Bonomi, *Il rancore,* Feltrinelli, Milano 2008, p. 34.

[6] *Ibidem.*

[7] Massimiliano Cortivo, *Sfrattata la donna tricolore che fece infuriare Bossi,* in «Corriere del Veneto», 3 giugno 2010.

[8] *Ibidem.*

[9] *Vilipendio alla bandiera, la Camera salva Bossi,* in «la Repubblica», 23 gennaio 2002.

[10] Chiara Paolin, *Se il tricolore diventa carta igienica*, in «Il Fatto quotidiano», 4 maggio 2010.

[11] *Bossi insulta l'inno di Mameli bravata o tattica politica?,* in «L'Espresso», 21 luglio 2008.

[12] *Lega: "Tricolore non basta più. Servono le bandiere regionali"*, in «lastampa.it», 5 agosto 2009.

[13] *Ibidem.*

[14] AGI, 13 giugno 2010.

[15] Francesco Merlo, *Il cortile leghista*, in «la Repubblica», 14 giugno 2010.

[16] *Ibidem.*

[17] Alessandro Montanari, *Patrioti da parata ancora in azione. Un "2 giugno" anche per Luca*, in «La Padania», 15 giugno 2010.

[18] *Bossi jr: "Ai Mondiali non tifo Italia"*, in «lastampa.it», 20 aprile 2010.

[19] *Ecco la manovra, c'è anche il condono*, in «repubblica.it», 24 maggio 2010.

[20] *Al gol del Paraguay Radio Padania esulta: «Abbiamo fatto gol»,* in «corriere.it», 14 giugno 2010.

[21] *Radio Padania, lo speaker: "Solo goliardia"*, in «ilsole24ore.com»

[22] Marco Cremonesi, *Padania-Italia, la partita impossibile si gioca a calcetto*, in «Corriere della Sera», 12 maggio 2009.

Roma ladrona

> La gente ha un'idea sbagliata del Parlamento. Di giorno si lavorava, di sera si giocava a scopa. Avevamo preso un appartamento in tre senatori, io, il Carini e il Carnovali. Non avevamo neanche i mobili perché da un giorno all'altro il Parlamento poteva essere sciolto. Quel che ti resta dentro è un gran senso di impotenza. Non puoi far niente. Per due anni mi sono sentito una merdaccia. Quella lì della politica romana è una macchina infernale. Per questo vogliamo farla a pezzi.
>
> CORINTO MARCHINI

Il flusso ideologico che ha portato da "Bergamo nazione tutto il resto meridione" coniato da Guido Calderoli, nonno di Roberto, fondatore del Movimento autonomista bergamasco, a "Bruxelles predona", ha trovato l'anello di congiunzione nel *Leitmotiv* "Roma ladrona", che incarna dentro e fuor di metafora tutto quello che il Carroccio vuole eliminare dall'assetto istituzionale dell'Italia, almeno fino a quando questa continuerà a includere il popolo padano.

Nell'immaginario leghista Roma rappresenta tutto ciò che il federalismo vuole sconfiggere: l'esasperazione dello statalismo, il centralismo delle istituzioni, la lottizzazione dei partiti, la corruzione e gli sprechi che proprio il progetto federalista punta a eliminare. In tutto questo, la parte del guerriero è interpretata dal Nord produttivo in cui Milano rappresenta il centro di eccellenza e di laboriosità indefessa, insieme alle valli bergamasche e alla Brianza operosa, contro gli sprechi delle regioni parassite del Mezzogiorno.

Nello scontro manicheo tra Nord e Sud del Paese, scrive Ilvo Diamanti, «"la questione settentrionale" è evocata, evidentemente, per analogia alla questione meridionale»[1]. Entrambe le espressioni intendono riferirsi a «un tema comune: la mancata capacità dello Stato nazionale di garantire identità, sostegno allo sviluppo, regolazione sociale, e allo stesso tempo la crescente dipendenza dalla società e dall'economia dello Stato».

Per l'iconografia della Padania come Stato-nazione dotato di vita propria e caratteristiche peculiari, per la Lega diviene fondamentale, sin dagli esordi, tradurre il localismo in un nordismo dai confini nitidi, per «sagomare una proposta capace di aderire in modo più diretto alle esigenze e alle culture del Nord metropolitano, della grande industria, della comunicazione, della finanza e dei servizi»[2].

La demarcazione tra Nord e Sud si avvale anche dell'antimeridionalismo come propulsore per la formazione di due schieramenti opposti che incarnano due visioni radicalmente diverse di Stato e sussidiarietà. Roma, in tutto questo, diviene per assimilazione lo sponsor ufficiale, oltre che della cultura di Palazzo, anche dell'inefficientismo del Sud, della cultura parassitaria che ha allevato generazioni di cittadini che hanno abdicato alla responsabilità individuale in nome del sussidio statale con il placet della partitocrazia.

Come già abbiamo visto per il motto anti europeista di Bruxelles predona, anche Roma ladrona, slogan nato per attirare l'attenzione dei media[3], ha sempre suscitato reazioni accese tra le fila dei partiti. Bossi intende forse assimilare la sua Roma ladrona anche alla popolazione della città eterna, o utilizza il *Leitmotiv* solo come simbolo di una corruzione *istituzionale* e *istituzionalizzata* da debellare? A chiarirlo è lo stesso Senatùr: «Secondo noi della Lega, Roma è ladrona perché è la capitale dello Stato centralista, perché lì si raccolgono i politicanti corrotti e la burocrazia inefficiente, perché dai sette colli si tirano le fila di una politica di spoliazione delle piccole e medie imprese e in generale di chi lavora. È chiaro: molti romani, forse la maggioranza, sono affezionati clienti dei partiti e delle loro cosche. Ma ci sono anche cittadini onesti e noi speriamo di avere il loro voto, a Roma come in qualsiasi altra città»[4]. Queste sono riflessioni più sottili rispetto a quelle che la Lega declama nei suoi comizi, dove parlare alla pancia significa glissare sulle distinzioni tra il Palazzo e i cittadini di Roma o del Sud. Basta andare a Pontida o parlare con i militanti che, in nome dell'obiettivo federalista o del fuoco della politica, semplificano con piacere e convinzione. Nel popolo di Alberto da Giussano, infatti, il razzismo meridionalista, per quanto smorzato nelle occasioni ufficiali, è una fiamma sempre accesa. Corinto Marchini ad esempio, ex comandante delle Camicie Verdi e senatore, non nascose l'amarezza venata di vergogna riguardo una sua parentela malauguratamente di origine meridionale: «Eh sì, ho una nonna romana. Per me è come avere un'unghia incarnita. Mi dà fastidio»[5]. A lui si aggiunge anche Gianfranco Miglio che scarta senza riserve la possibilità di lavorare al sud: «Non amo i meridionali perché sono europeo. Non andrei mai a insegnare a Catania o a Palermo. Sarebbe fatica inutile»[6].

Nei comizi sopra la linea del Po, Roma ladrona viene utilizzata come slogan per fomentare le tifoserie padane, ma nei *rendez vous* nella capitale quelle parole pesano come macigni. A seguito ad esempio dei successi elettorali del 1992, Bossi, in comizio a Roma, spiega ai (soli) trecento presenti che la "Roma ladrona" contro la quale gridano da Milano è quella dei politici, che si schiera a favore della partitocrazia. E invita gli abitanti della Città eterna a partecipare attivamente alla missione della Lega e a sottoscrivere il programma politico in nome del bene comune. L'alternativa? Che l'Italia sarebbe diventata come la Russia, una tabula rasa ingestibile, senza possibilità di riforme e stabilità. Era della stessa opinione anche nel 1999, quando dalla Festa dei popoli padani a Venezia tuonò contro il governo dei massoni e la Roma della partitocrazia, senza risparmiare commenti al vetriolo per l'attuale alleato di ferro Silvio Berlusconi e l'allora presidente del Consiglio Massimo D'Alema: «Non ci potranno essere accordi con le due teste sincrone della tirannia romana: il piduista di Arcore e il diessino D'Alema che voleva un "Paese normale" e sta spingendo invece, in sintonia con Berlusconi, verso la dittatura. Ancora non c'è il partito unico solo perché le teste sono due. Ma RomaPolo e RomaUlivo hanno un unico intento: schiacciare la Padania. Noi non vogliamo avere contatti con il governo dei crimini, delle mafie, delle vessazioni, delle immigrazioni che hanno snaturato il Nord»[7]. Infervorato da sacro fuoco contro il ladrocinio romano, nel 1999 Bossi decide addirittura di lanciare un "Coordinamento contro Roma ladrona", che avrebbe debuttato alle regionali del 2000. Spiegava Bossi da Pian del Re, prima tappa della Festa dei popoli padani, che nel coordinamento erano benvenute tutte le anime verdi o affini, intese a combattere il ladrocinio romano. E Berlusconi quindi, che si era venduto a Roma, non poteva rientrare tra i compagni di lotta della Lega. Certo, sarebbe stata una capriola rocambolesca includere il Cavaliere, viste le accuse di collusione con la mafia sparate con titoli a nove colonne su «La Padania». Eppure in politica si cambia fino a diventare alleati di ferro, come abbiamo visto dal 2001 a oggi. Il comitato, comunque, avrebbe dovuto unire tutti i gruppi indipendentisti del Nord in nome di una vera e propria "guerra santa" contro la capitale.

Lo slogan contro la Roma dei partiti riesce ad arrivare al cuore dell'elettorato e a dar man forte all'obiettivo della *devolution* e del federalismo fiscale. Su un volantino di Lega Nord Ticino i militanti non hanno dubbi: «Non è più ammissibile che la gente del Nord», spiegano nel documento pubblicato online dal titolo *Il cambiamento è iniziato*, «debba subire in eterno un prelievo forzoso a opera dello Stato italiano, senza vedere i soldi versati sotto forma di tasse investiti sul proprio territorio, dove vive e vuole continuare a vivere con dignità. Non sta scritto proprio da nessuna parte che "schiavi di roma Iddio ci creò"». Infatti, non sta scritto nemmeno nell'inno di Mameli, ma i leghisti si ostinano nell'errore interpretativo. In ogni caso, la *questione dei soldi*, obiettivo centrale del pragmatismo federalista, vuole ribaltare la prassi del consumo e dello spreco del denaro pubblico: «Gli esponenti dei partiti romani che sono contrari alla riforma costituzionale che dà il via a un percorso che ci condurrà al federalismo, abbiano il coraggio e l'onestà di venirci a dire quanto realmente ci è costato il fatto di non aver avuto uno Stato federale dal dopoguerra a oggi». E ancora una volta i destinatari della spiegazione sono i padani: «Spieghino, questi signori, perché in tutti questi anni le famiglie padane, le nostre comunità e le nostre imprese hanno dovuto foraggiare l'apparato burocratico e parassita di Roma, senza trarne dei vantaggi per le proprie regioni. Pensiamo ad esempio al fatto che se i milanesi non avessero dovuto versare più della metà dei loro stipendi sotto forma di tasse allo Stato italiano, senza che questi li facesse tornare indietro, forse adesso la nostra cara metropoli sarebbe servita da un sistema di trasporto pubblico e di infrastrutture viabilistiche degno di quello delle altre capitali europee e non starebbe soffocando a causa del traffico e dell'inquinamento». Anche per Milano, il Comune simbolo dell'efficientismo del Nord guidato da un'amministrazione di centrodestra, l'ostacolo da sbandierare è sempre e comunque Roma. "Roma ladrona, la Lega non perdona": ma gli elettori sanno che gli slogan sono soltanto la foglia di fico per nascondere che il Carroccio, in fondo, si è allineato agli altri partiti, imparando a muoversi agilmente nel sistema di clientelismi, sprechi e incarichi lottizzati che continua a contestare? Tanti dei suoi militanti ancora lo ignorano, convinti che il Carroccio sia il clan dei duri e puri. E sbagliano.

Il capro espiatorio della *capitale sprecona* vale anche per il caso Parmalat e le Olimpiadi di nuoto. Sul crac di Tanzi, che Bossi dirà: «L'esplosione della bolla speculativa gli ha fatto scoppiare in mano i titoli marci, Parmalat e magari anche altri. Il problema nel '92, quando saltò per aria, fallì l'Italia, allora Roma ladrona viveva di debito pubblico, cioè stampava titoli di Stato a copertura delle spese che faceva. Dove c'era la copertura, quando faceva la finanziaria, bene, dove non c'era stampavano un po' di titoli di Stato e ci hanno regalato un debito pubblico che condizionerà la vita della Padania, schiava di Roma, per chissà quanti decenni»[8]. Per quanto riguarda la candidatura di Roma, antagonista di Milano, alle Olimpiadi di nuoto del 2016, è Giuseppe Leoni, primo deputato della Lega nord e leader dei Cattolici padani a far scoccare la freccia. Secondo lui la candidatura di Roma quando Milano era ancora in corsa, non è stato altro che un atto egoistico del sindaco Walter Veltroni, mosso dalla brama tentacolare della capitale ladrona, attratta dal potere e dallo spreco del denaro padano.

Il rigore delle boutade leghiste, però, perde il suo vigore a fronte dei fatti di cronaca. Per quanto infatti la Lega si sia sempre proposta e abbia alimentato il messaggio della purezza padan-cavalleresca e abbia trattato con spregio la machiavellica condotta dei partiti della Seconda Repubblica, è altrettanto vero che è entrata nei palazzi romani sfruttando a suo favore, come gli altri partiti, tutte le dinamiche del sistema. Dal finanziamento pubblico a «La Padania», organo di partito, fino alla tangente Enimont del caso Patelli e ai favoritismi al Parlamento europeo di alcuni parenti di Bossi, solo per citarne alcuni, la Lega ha dimostrato di aver imparato il galateo della politica dagli altri partiti.

Infatti negli ultimi anni, a seguito del patto con Silvio Berlusconi per attuare il federalismo fiscale, i toni indipendentisti si attenuano. Luca Zaia, oggi governatore del Veneto, quando era ancora ministro per l'Agricoltura disse: «Roma è una macchina infernale con un gran dispendio. Ci sono economie di scala che non si fanno, enti inutili, infrastrutture che non servono. Ma questo governo sta facendo molto per smaltire il peso di inutili zavorre»[9]. A difendere la Lega guascona ci pensa anche Berlusconi che minimizza: «Sì, in qualche espressione la Lega esagera. L'ho detto anche a Bossi in particolare quando dice *Roma ladrona*, ma lui si riferiva alla casta politica»[10]. Se poi capita che SPQR per Bossi significhi che *sono porci questi romani*, che finge di parafrasare Asterix, basta organizzare davanti a Montecitorio una ridicola messa in scena dove Gianni Alemanno imbocca

Umberto Bossi con una forchettata di *pajata* mentre, in segno di pace, a un metro di distanza i padani rimescolano la polenta nei paioli[11]. Roma sarà ladrona, ma quando si discute di una maggiore razionalizzazione delle risorse pubbliche e dell'apparato burocratico con la riduzione o l'eliminazione di alcune province inutili, per Bossi scatta l'allarme. Il Senatùr si era addirittura dichiarato pronto a chiamare alla raccolta i suoi di Bergamo, che avrebbero imbracciato i fucili a costo di difendere la provincia retta dal suo uomo Ettore Pirovano[12]. La difesa del fortino, come per *gli altri* partiti che occupano le poltrone a scapito della buona amministrazione, è una linea che la Lega si guarda bene dal trasgredire. E le province rimarranno saldamente il crocevia in cui si intersecano gli uomini chiave della Lega. Scrive a questo proposito Gad Lerner: «Ovviamente la provincia di Bergamo (più di un milione di abitanti) non corre pericolo di essere abolita; e resterà a presiederla un senatore leghista con doppio incarico e doppio stipendio [Ettore Pietro Pirovano, anche deputato, *n.d.r.*]. Il cumulo di poltrone non imbarazza affatto il partito di Bossi, anzi, rientra appieno nelle sue modalità di espansione. Pure a Brescia, Sondrio e Biella i presidenti di provincia leghisti sono parlamentari, eurodeputati o sottosegretari. Mentre gli altri nove (Cuneo, Varese, Como, Lodi, Treviso, Vicenza, Venezia, Belluno, Udine) cumulano volentieri ruoli da sindaco o presidenze di società autostradali e fieristiche»[13]. Quindi, se «la Lega rifiuta di liquidare le Province come enti inutili, ciò si deve non certo alla mitologia del "territorio", bensì a un disegno di consolidamento delle sue burocrazie locali: una classe dirigente amministrativa che utilizza anche la presenza a Roma per restare abbarbicata alla tutela di meri interessi localistici. A prescindere da qualsivoglia visione nazionale»[14]. Insomma, il mito dei doppi, tripli e quadrupli incarichi, ormai è di casa anche nella casta Lega. Oltre a quelli citati da Gad Lerner, la galassia leghista è costituita da altri fulgidi esempi. Tra questi ricordiamo Gianluca Buonanno, in principio sindaco di Varallo, poi vice sindaco di Borgo Sesia, parlamentare e consigliere regionale del Piemonte, Pierguido Vanalli parlamentare e sindaco di Pontida[15] e poi ancora l'avvocato Paolo Marchioni, vicepresidente della Provincia del Verbano, assessore al bilancio, membro del CDA dell'ENI alla modica cifra di 135 mila euro l'anno. E ancora Leonardo Ambrogio Carioni, sindaco di Turate, presidente della Provincia di Como, presidente dell'Unione delle province lombarde, di Sviluppo Sistema Fiere e consigliere di amministrazione della Pedemontana veneta e dell'Expo 2015 a Milano[16]. Straordinario il caso di Nicola Cecconato che, grazie alle sue quattordici poltrone, «è sindaco di RAI Trade e di Veneto Acque, supplente di Coniservizi, presidente del collegio sindacale ATER Treviso e di Asco TLC, nonché revisore unico di Veneto Infrastrutture Servizi SRL e dei comuni di San Biagio e Paese e presidente del collegio di revisori a Mogliano»[17]. Incarichi multipli che negli ultimi anni si avvicendano nei posti che contano, dalle ASL alle multiutilities fino alle banche. Alla Fiera di Milano, assedia il clan ciellino di Roberto Formigoni il vicepresidente Attilio Fontana, in quota Carroccio. Un agguato, quello della Lega in Lombardia, che ambisce a ribaltare il potere consolidato di Comunione e Liberazione, il movimento cattolico fondato da don Luigi Giussani che quasi da vent'anni ha il suo uomo di riferimento al vertice del Pirellone. E ancora in Lombardia, Lorenzo Demartini presiede Lombardia Informatica, Paolo Besozzi è vicepresidente della Milano Serravalle. Il prossimo obiettivo in Lombardia è la sanità, feudo garantito dei ciellini. Ma la Lega punta in alto. A proposito di incarichi tentacolari e stipendi multipli, anche Roberto Cota ha tentennato fino alla scadenza per scegliere se optare tra il seggio di parlamentare e quello da neogovernatore della regione Piemonte. Intanto, nel periodo di riflessione, era garantita la doppia busta paga.

È chiaro che il familismo e la legge dei doppi e tripli incarichi non siano merce solo a disposizione della Lega, ma è altrettanto vero che il Carroccio ha sempre vantato il pedigree di partito incorruttibile, dove le leggi della Casta non valevano entro i confini della Padania. Sante parole quelle dell'ufficio stampa leghista ed ex portavoce di Bossi Simonetta Faverio: «In un movimento che si propone di far la rivoluzione non ci può esser posto per gli arrivisti, i corrotti, i poltronari, i leccaculo, "i pentiti" e i lottizzatori. Chi si è proposto di cambiare questo nostro povero Paese non può nello stesso tempo volere un posto al sole per sé o per i suoi amici, non può usufruire dei privilegi di cui hanno goduto i piccoli uomini politici della partitocrazia. Non può insomma parlare bene e razzolare male, prendendosi così gioco della base pulita, dei militanti, e di quei dirigenti onesti che per la causa leghista sarebbero disposti a tutto»[18]. La carriera della Faverio riconferma l'ingresso a pieno titolo della Lega entro i confini delle caste romane, visto che oggi è vicedirettore di RAI Parlamento. Anche dentro la RAI, la Lega, come gli altri partiti, ha fatto il suo ingresso per la lottizzazione del servizio pubblico. Forte dei suoi voti a seguito delle elezioni regionali, «l'attenzione leghista si è sempre concentrata su RAI Due, la più settentrionale delle reti pubbliche perché dotata di un cuore pulsante a Milano nonostante la testa romana»[19]. I risultati sono notevoli, da pragmatici del Nord: Antonio Marano, eletto nel 1994 tra le fila della Lega Nord e poi divenuto direttore di RAI Due, è oggi vicedirettore generale della RAI. O ancora Gianluigi Paragone, ex direttore de «La Padania» e oggi vicedirettore di RAI Due, dove ha condotto prima *Milano, Malpensa* e poi *L'ultima parola*, senza dimenticare il conduttore Milo Infante – che, oltre a essere in quota Lega, è sposato con Sara Venturi, ex Miss Padania – e infine, per ora, il capo del centro produzioni milanese, Massimo Ferrario.

Per quanto il Carroccio si ostini a dispiegare le sue forze per costruire l'immagine mai scalfita del partito sui generis, della Lega dura e pura non c'è traccia.

Promotori della meritocrazia e dell'olio di gomito lontano dalla matrice centralista, la Lega ha sfruttato anche i finanziamenti pubblici all'editoria. Infatti «La Padania», come evidenziano i dati sul sito del Governo, ha raccolto quasi quattro milioni di euro di contributi nel 2009, con anno di riferimento al 2008, per un totale di poco più di ventiduemila copie vendute in edicola[20]. Per quanto riguarda gli sprechi in campo mediatico e artistico, primeggia su tutti il caso del *Barbarossa* di Renzo Martinelli, il film commissionato dai vertici del partito dove un improbabile Raz Degan, dopo lo spot *Jägermeister* e il Cristo contemporaneo di Olmi, interpreta un imbarazzante Alberto da Giussano, il mitico eroe della Lega lombarda che grazie al patto coi comuni del Nord sconfisse l'imperatore Federico Barbarossa. Un kolossal senza pubblico che è costato «trenta milioni di euro e ha incassato al suo primo week end quattrocentomila euro, meno di un quinto dell'incasso che al primo week end fece *Baarìa*»[21]. Anche dinanzi all'evidenza delle sale vuote, la Lega dispiega la sua grandeur immaginaria, dai cinquantamila di Pontida fino all'afflusso nelle sale per il film flop. Infatti, secondo Roberto Calderoli, le sale erano piene. Un successo al botteghino di cui, evidentemente, è l'unico testimone. Secondo il ministro, infatti, si tratterebbe dell'ennesimo complotto: «Questa è l'azione dei poteri forti e dei comunicatori forti, che fa pensare quello che non è. Ma più ci attaccano e più aumentiamo i voti, va bene cosi»[22]. Anche «L'Osservatore romano» lo stronca col titolo *Che barba (rossa)*[23]. Nonostante l'evidenza lapalissiana, Renzo Martinelli si rifiutò di definire la sua opera un film della Lega. Infatti, poco importava che fosse stato prodotto dalla RAI per intercessione di Silvio Berlusconi presso Agostino Saccà al fine di accontentare l'alleato di ferro lumbard. Martinelli spiegava con candore di avere fatto solo un film storico, slegato dalla retorica e dalle richieste della Lega. Impossibile crederlo, ovviamente. Lungo oltre due ore e mezza e giudicato non solo a sinistra «retorico, pesante, con musiche inascoltabili»[24], il *Barbarossa*, distribuito in pompa magna in 267 copie, è stato disdegnato in toto dal popolo del Carroccio. Secondo Merlo, infatti «il punto più interessante, e persino scandaloso, è la constatazione che anche gli elettori leghisti (6985 spettatori in Veneto) stanno snobbando il film che avrebbe dovuto celebrarne l'epica. E questo benché ovviamente al Nord il film sia meno flop che al Sud (325 spettatori in Calabria) dove non c'è il passaparola della padaneria militante e non c'è neppure la curiosità antileghista, forse perché non ci sono critici che hanno ritenuto dignitoso di parlarne, né bene né male»[25]. Per l'inesorabile legge del contrappasso, la pellicola di Martinelli è stata uno dei punti chiave del dossier presentato da alcuni movimenti meridionalisti, tra cui Altro Sud e Insieme per la rinascita, e dal commissario regionale dei Verdi veneti Francesco Emilio Borrelli, contro le invettive a senso unico della Lega contro il Mezzogiorno. Oltre a porre l'accento sul flop targato Martinelli, sull'appalto per il Palazzo della Provincia di Treviso lievitato da trentacinque a ottanta milioni di euro con i cinquecentotrentamila euro di sedie, e sul costo della costituzione dell'orchestra di Brescia che grava per duecentomila euro l'anno sui contribuenti[26], i meridionalisti hanno voluto dare una lezione ai leghisti moralizzatori: tanto al Nord quanto al Sud esistono buoni e cattivi amministratori. Per questo chiedevano la moratoria definitiva sulle lezioni moraliste padane.

Oltre agli sprechi della divulgazione *culturale*, vi sono ben altre caratteristiche assai più sostanziali e meno glitterate come il quotidiano o il kolossal di partito che inquadrano il sedicente outsider della politica nell'*asset* ben consolidato della casta tanto odiata. Fioccano ad esempio le accuse di familismo e raccomandazione, ben prima dell'elezione di Renzo Bossi, trota aspirante delfino di papà Umberto, eletto nel 2010 alla Regione Lombardia. Prima di lui nel 2004 lo scandalo familista coinvolse il fratello del Senatùr, Franco, e il figlio di primo letto avuto da Gigliola Guidali, Riccardo. Entrambi, come è possibile consultare sul sito dell'Europarlamento, erano stati assunti in veste di assistenti accreditati a Strasburgo e costavano al deputato di riferimento – ovvero ai contribuenti –12.750 euro al mese. Ad assumere il primo è stato l'attivissimo Matteo Salvini, e per il figlio Riccardo il testimone è passato a Francesco Speroni, tuttora europarlamentare. Speroni si è anche speso a favore del genero Marco Reguzzoni, il marito della figlia Elena, che da presidente della Provincia di Varese è in seguito approdato alla Camera dove ora è capogruppo della Lega. L'esperienza politica di Franco e Riccardo era praticamente inesistente: Franco Bossi, infatti, passati gli esami di medie e scuole commerciali, gestiva un negozio di autoricambi a Fagnano Olona: «una professionalità che, unitamente alla passione leghista, ha spinto il Carroccio non solo a ipotizzare una sua candidatura alla Camera al posto di Umberto nel collegio di Milano 3 (dove poi, forse per evitare le accuse di far tutto in famiglia, fu scelto il medico di casa del Senatùr) ma ad affidargli negli anni ruoli di spicco quali quello di CT della squadra di ciclismo della Padania, di socio della controversa Cooperativa 7laghi, di membro del consiglio di amministrazione dell'ALER (case popolari) di Varese»[27]. Del figlio Riccardo, invece, lo stesso che voleva andare a *L'Isola dei famosi*, si sapeva solo che era uno studente fuori corso amante dei motori. La questione morale e l'ombra del familismo della Lega dei duri e puri non è solo percepita dagli analisti o dai notisti politici, ma dagli stessi cittadini. Scrive ad esempio un lettore a «la Repubblica»: «Bossi inveiva contro il mercato delle poltrone dei partiti della Prima Repubblica e poi non ha disdegnato di regalare al fratello e al figlio una poltrona di funzionario alla Commissione europea di Bruxelles, con allegati degni curriculum vitae di esperto di autoricambi e studente fuoricorso. Lo stato maggiore padano, con il codazzo di parenti e portaborse, dopo aver distribuito con amorevole democrazia pari offese a negri, meridionali e musulmani dal palco, al termine del rito celtico dell'ampolla del Po, si è andato a crogiolare nell'intimità dell'Hotel Metropole, camere da 500 euro a notte, alla faccia di chi non arriva alla fine del mese»[28]. Il virus del clientelismo, però, non risiede soltanto nel clan di Bossi. In Piemonte infatti, l'avvento di Roberto Cota ha tolto i freni inibitori per lo sviluppo di una parentopoli trasversale in regione: Michela, la figlia del capogruppo della Lega Mario Carossa, ad esempio, lavora nella segreteria del presidente in qualità di «addetto collaboratore dell'ufficio comunicazione». Seguono a pioggia tutti gli altri colleghi che dal Popolo della Libertà al gruppo «Verdi-Verdi-WWFF-L'Ambientalista per Cota» che hanno sistemato cugini, mogli e figli[29].

Al grido di "rivogliamo i nostri soldi" che i padani di Pontida fanno risuonare sventolando il Sole delle Alpi, dovrebbero rispondere per le rime tutti i contribuenti italiani. Infatti, con lo sforamento delle quote latte, gli irriducibili allevatori padani, ostili alla regolamentazione europea, hanno prelevato a ogni cittadino ottantatré euro. Quanto fa in totale? Quattro miliardi e quattrocentosette milioni di euro che, contando l'inflazione, corrisponde al budget per la costruzione del Ponte sullo Stretto, ovvero cinque miliardi. Ecco il costo delle vacche padane, il tributo da pagare ai COBAS del latte, sempre difesi in prima linea dal Carroccio. Le tragiche conseguenze dei dati al ribasso per le quote forniti all'Europa, insieme al messaggio agli agricoltori che le cose, prima o poi, si sarebbero sistemate all'italiana, magari con un condono, sono andati a danno degli allevatori onesti, dei contribuenti e di tutti i cittadini. Solo per tutelare un manipolo di furbetti che la Lega ha sempre difeso.

I cavalieri della Lega sono poi gli stessi che in Europa decidono di non votare la legge che avrebbe equiparato tutti gli stipendi degli europarlamentari. Il motivo che ha portato Salvini, Speroni e Borghezio a opporsi alla norma, sarebbe la tanto sbandierata questione dei soldi, riletta in questo caso, al contrario.

Infatti, il regolamento avrebbe voluto fissare uno stipendio di settemila euro mensili, uguale per tutti i 732 deputati europei in cui le spese di viaggio dei deputati sarebbero state rimborsate in base ai costi reali e non più su base forfettaria. In base ai dati diffusi dal «Times», infatti, la votazione a favore non sarebbe risultata conveniente per gli europarlamentari italiani, inclusi i leghisti: lo stipendio mensile italiano si aggirava intorno ai dodicimila euro, il doppio rispetto a un deputato belga, il quadruplo di uno spagnolo e venti volte quanto avrebbe percepito un eletto polacco. Insomma, spremere l'Europa fa parte della linea leghista. O, almeno, così pare.

Ma la pietra dello scandalo, che ha aperto anche nel Carroccio la piaga – mai rimarginata – della questione morale, ben oltre lo spreco di denaro pubblico del *Barbarossa* e la spartizione delle poltrone RAI, riguarda la tangente Enimont versata dall'ex amministratore delegato della Montedison Carlo Sama, che il tesoriere della Lega Alessandro Patelli, con il placet di Bossi, aveva intascato per finanziare illecitamente il partito durante la campagna elettorale del 1992. Ducento milioni scomparsi nelle casse del Carroccio per cui entrambi sono stati condannati in via definitiva dalla Cassazione a otto mesi di carcere. A sua difesa, Patelli, definito "pirla" dal Senatùr, indossò i panni di Bettino Craxi in nome di un "benaltrismo" difensivo: se la Lega era stata accomunata al vecchio sistema dei partiti con le accuse di finanziamento illecito, i reati degli *altri*, ovvero concussione o corruzione, erano comunque più gravi. Poi il responsabile organizzativo della Lega, e "maggiordomo" di Umberto Bossi, aggiunse che era ancora da stabilire se quel finanziamento fosse illegale o fosse, ad esempio, un anticipo per prestazioni che dovevano fornire, tutte di natura commerciale: dall'assistenza al mondo della cooperazione, fino alla gestione di pacchetti pubblicitari ed eventuali sponsorizzazioni ad attività sportive. Quindi, secondo Patelli, la tangente Enimont non era assimilabile alle mazzette di Tangentopoli. Ma la condanna in Cassazione per lui e per Bossi non è segno di innocenza. La questione morale nella Lega esiste. Proprio come negli altri partiti.

Note

[1] Ilvo Diamanti, *Il male del Nord. Lega, localismo, secessione,* Donzelli, Roma 1996, p. 60.

[2] Ivi, p. 61.

[3] Umberto Bossi - Daniele Vimercati, *Vento dal Nord: la mia Lega, La mia vita,* Sperling & Kupfer, Milano 1992.

[4] *Ibidem.*

[5] Gian Antonio Stella, *Il ras delle Camicie Verdi: Gandhi? Meglio il karate*, in «Corriere della Sera», 6 settembre 1996.

[6] Marco Giusti - Gianni Riotta, *La ditta Bossi ha fatto Blob. Il linguaggio al posto dell' ideologia,* in «Corriere della Sera», 23 ottobre 1993.

[7] Ottavio Rossani, *La Lega giura contro "Roma ladrona"*, in «Corriere della Sera», 13 settembre 1999, p.10.

[8] ANSA, 30 gennaio 2004.

[9] Intervista ad Antenna Tre Nordest, 21 gennaio 2010.

[10] Intervista a Teleroma56, 23 aprile 2008.

[11] Filippo Ceccarelli, *Polenta e pajata, il pranzo della pace. A Roma il banchetto con il Senatur*, in «repubblica.it», 6 ottobre 2010.

[12] AdnKronos, 26 maggio 2010.

[13] Gad Lerner, *Guerra civile per la provincia di Bergamo?*, in «gadlerner.it», 28 maggio 2010.

[14] *Ibidem.*

[15] Sergio Rizzo, *Parlamentare e sindaco: ecco il popolo del doppio incarico*, in «corriere.it», 12 aprile 2009.

[16] Tommaso Cerno, *Carroccio sprecone*, in «espresso.repubblica.it», 23 giugno 2010.

[17] Tommaso Cerno - Luca Piana, *Lega ladrona*, in «L'espresso», 7 ottobre 2010.

[18] Gian Antonio Stella, *Bossi, in Europa il fratello e il figlio del Senatùr,* in «Corriere della Sera», 11 novembre 2004.

[19] Gian Maria De Francesco, *La Lega marcia su Viale Mazzini: direttore padano per* RAI *Due*, in «Il Giornale», 10 aprile 2010.

[20] http://www.governo.it/DIE/dossier/contributi_editoria_2008/co10.pdf.

[21] Francesco Merlo, *Il flop del Barbarossa tradito anche dai padani*, in «la Repubblica», 13 ottobre 2009.

[22] Intervista a Roberto Calderoli, SkyTg24, 18 ottobre 2009.

[23] «L'Osservatore Romano», 9 ottobre 2009.

[24] Lietta Tornabuoni, *Altri film*, in «espresso.repubblica.it», 15 ottobre 2009.

[25] Francesco Merlo, *op. cit.*

[26] *Il Sant'Artemio, le sedie e Barbarossa. Dossier napoletano sugli sprechi leghisti* in «corrieredelveneto.it», 26 giugno 2010.

[27] Gian Antonio Stella, *Bossi, in Europa il fratello e il figlio del Senatùr,* in «Corriere della Sera», 11 novembre 2004.

[28] *Molti sono i chiamati, pochi gli eletti*, in «la Repubblica», 28 settembre 2008.

[29] Tommaso Labate, *Che Parentopoli nel Piemonte dell'era Cota!*, in «Il Riformista», 9 settembre 2010.

Lega ed Europa

> Noi non vogliamo l'Europa giacobina dei comunisti e della finanza, noi vogliamo non una federazione ma una confederazione di Stati-nazione.
> [...] Parliamo chiaro, all'Europa devono passare solo funzioni e non sovranità.
>
> UMBERTO BOSSI

Parlare di politica estera della Lega Nord significa addentrarsi in un terreno minato, dove il pacifismo a corrente alternata si schiera a difesa delle etnie cristiane e considera i popoli musulmani di serie B. Un ambito dove l'Europa dell'euro è intesa come un organismo che punta a privare le nazioni che la costituiscono della loro sovranità, in cui i palazzi di Bruxelles e Strasburgo sono popolati da massoni e tecnocrati che spingono il pachiderma claudicante dell'unione istituzionale e monetaria. L'Europa è la responsabile della crisi del continente fagocitato dalla globalizzazione, in cui in nome del libero mercato svaniscono tradizioni e prodotti locali. È il continente della democrazia per eccellenza dopo il modello tocquevilliano degli Stati Uniti che soccombe davanti all'invasione dei musulmani e si trasforma nell'Eurabia, la svendita dell'identità europea che Oriana Fallaci richiamò con vigore all'indomani dell'11 settembre. L'invasione islamica, il relativismo imperante, la globalizzazione e l'inesorabile secolarizzazione del continente sono i punti cardine della battaglia della Lega che anela, controcorrente, come ben spiega Mario Borghezio, a un'Europa bianca e cristiana, anacronistica rispetto al *melting pot* generato dalla libera circolazione delle merci e delle persone. Con la sua nota retorica populista vuole così opporsi alle istituzioni sovranazionali dell'Unione che tentano di creare una nuova consapevolezza continentale, un blocco unitario che nel quadro geopolitico internazionale è, di fatto, l'unico in grado di rispondere alle politiche aggressive e nerborute dei mercati emergenti. La strategia programmatica di chiusura quasi autarchica che la Lega propone anche in Europa, s'innesta nel tessuto tipico dei movimenti etnonazionalisti o etnofederalisti, rifioriti in Europa con l'indebolimento endemico degli Stati nazionali e lo scollamento della classe politica dai suoi rappresentati.

Oltre al Carroccio, infatti, sono sorti altri movimenti neopopulisti in Europa, tendenzialmente xenofobi, conservatori e antislamici: dal Fronte Nazionale di Jean-Marie Le Pen alla Lega ticinese di Giuliano Bignasca in Svizzera fino al Democrazia svedese di Jimmie Akesson e al Partito del popolo in Danimarca, guidato da Pia Kjaersgaard. La Lega è stata più volte accostata al nazionalismo lepenista nonostante Gianfranco Miglio, ideologo della Lega, abbia sempre preso le distanze: «In Italia uno sciovinismo come quello francese non lo abbiamo mai conosciuto, basta ricordare la reazione popolare alla campagna antisemita [...]. Non riesco a vedere nei seguaci della Lega atteggiamenti paragonabili o riconducibili alle posizioni contro gli immigrati che ci sono in Francia»[1]. Certamente la manifestazione politica del razzismo in Italia, escluso il periodo delle leggi razziali nell'era di Mussolini, non è mai stata istituzionalizzata o identificata in un partito di riferimento degno di rilevante peso istituzionale. Ma oggi le proposte e i provvedimenti nati in seno alla Lega in materia di immigrazione hanno alimentato l'iconografia del diverso a senso unico, del nemico invasore, dal *terrone* all'immigrato per affondare la lama sull'islamico. E la preoccupazione che regge l'impianto ideologico è l'invasione della Padania. La demagogia è la prima risposta alla paura dello straniero, così come ai ritmi e ai cambiamenti imposti dalla globalizzazione. Quindi il Carroccio ha scelto «sempre più convintamente posizioni di destra anti-immigrati e law-and-order»[2], rispondendo ai bisogni dei lettori come hanno dimostrato i risultati elettorali, dalle politiche alle amministrative.

Per Gianfranco Miglio, ideologo del partito dalle basi storiche assai più salde rispetto a Umberto Bossi che definiva «"Orecchiante", "infido", "teppa", "arruffapopolo", "pigmeo", "analfabeta", "ubriaco", "botolo ringhioso", "contapalle", "Robespierre da barzelletta", "comiziante da bar", ma anche "mentitore arabo" e "levantino con il gusto della menzogna"»[3], è importante che la Lega prenda le distanze dai partiti neopopulisti europei, animati da una genesi che rimanda a radici diverse.

Miglio, all'indomani dell'accostamento che «Le Monde» fece con Le Pen e Haider, spiegò che il movimento di Bossi esprime soltanto una naturale istanza dei popoli, ovvero il rispetto della sovranità nazionale. Secondo Miglio, Haider si ispira ai principi di orgoglio nazionale e sovranità popolare che affondano le radici nella Repubblica di Weimar, mentre Le Pen ricalca con determinazione il profilo della Repubblica di Vichy fondata su intolleranza, ordine, orgoglio francese e odio verso i Paesi anglosassoni. Secondo Miglio, però, la Lega poggia su basi diverse. Nata per contrastare la partitocrazia e, in particolare, i privilegi del centro-sinistra, rispondeva a una volontà federalista già radicata nel Nord. Che questo poi si declinasse nella forma del populismo che oggi conosciamo era solo una medaglia all'onore. Un esempio su tutti: Juan Domingo Perón, che con il populismo aveva portato il suo Paese a essere la quinta potenza del mondo verso la metà degli anni Cinquanta. E viste le condizioni di povertà in cui versa oggi l'Argentina, secondo Miglio, il popolo di Buenos Aires non aspettava altro che un nuovo Perón.

È curioso che proprio Miglio auspichi l'ascesa di Umberto Bossi a nuovo Perón italico, quando nel 1994 il Senatùr aveva definito Silvio Berlusconi un «Perón della mutua»[4], un tiranno votato al controllo delle masse in grado di fare leva sull'ignoranza. Ma le boutade storico politiche di Bossi servono più a riscaldare il cuore dei militanti e conquistare le prime pagine dei giornali che a stimolare le parti politiche a un dibattito costruttivo.

Per quanto Miglio si sforzi di sottolineare le distinzioni, le affinità con i partiti nazional populisti europei del XXI secolo sono evidenti. L'ammirazione per Jörg Haider o Le Pen, ad esempio, unito agli slogan xenofobi e alle litanie secessioniste non può supportare quel che è stato l'abbaglio sociologico nei confronti del Carroccio, ovvero che fosse un partito di sinistra. Certo, l'elettorato è popolare, ma le parole d'ordine contro le minoranze non appartengono storicamente a quell'area di riferimento.

Con Haider il rapporto è stato ambiguo. Salito sul palco a fianco di Bossi nel comizio di Vicenza il 20 ottobre del 1999, l'ex governatore della Carinzia, incensato come alleato contro il relativismo culturale dell'Europa e la difesa del cristianesimo contro l'avanzata dell'Islam[5], decide poi di ripudiare la prossimità con la Lega. La fama del partito del Nord, infatti, gli avrebbe causato ripercussioni negative in patria. Bossi, impassibile e orgoglioso nonostante la perdita di un solido alleato popolar-populista, confessò che Haider, che aveva incontrato solo una volta, non gli aveva certo fatto una buona impressione. Poi arriva l'affondo: lo ritiene un travestito, un doppiogiochista al soldo dei massoni e dei comunisti, una clava che i poteri forti brandiscono all'occorrenza per ostacolare il successo della Lega e il suo cammino. L'asse Haider-comunisti-massoni rientra nel repertorio delle sparate bossiane ma il suo travestitismo morale è emerso dopo l'incidente dell'11 ottobre 2008 in cui ha perso la vita: Stephen Petzner, uomo e suo braccio destro, era anche il suo amante. Eppure lui e il suo partito erano impegnati nel sostegno della famiglia tradizionale, proprio come la Lega. La riabilitazione del Carroccio arriva prontissima alla morte del leader austriaco. Secondo Borghezio scompariva infatti «un risvegliatore di popoli, come Bossi, un grande amico della Padania, ingiustamente calunniato dai servi sciocchi del politicamente corretto e dell'antirazzismo ipocrita»[6]. Insomma, la strumentalizzazione e l'affetto postumo possono sempre essere una carta da giocare in casa, per garantirsi un posto al sole nell'establishment dei movimenti etnonazionalisti europei.

Se le minoranze e i popoli che non si rispecchiano nei confini politici sono da difendere, è necessario all'occorrenza fare alcune distinzioni. La Lega è contro lo spirito interventista degli Stati Uniti e dell'Europa decise a entrare in Kuwait, ma difende il diritto dell'indipendenza della Lituania in opposizione a Gorbaciov. Il pacifismo a oltranza è legato anche alla volontà di frenare la supremazia decisionale di Washington, di cui l'Europa è la prima alleata, in nome dell'autodeterminazione dei popoli. L'occasione mediatica e politica viene offerta dalla guerra in Kosovo quando nel 1999 la NATO decide di intervenire a sostegno della provincia autonoma serba. A causa delle sue istanze indipendentiste, infatti, era stata soggetta ad attacchi prolungati ed episodi di violenza e repressioni perpetrati ai suoi danni dalla Serbia, allora guidata da Slobodan Milosevic, poi arrestato dal tribunale internazionale dell'Aja e imputato per crimini contro l'umanità. Lo scontro era anche di carattere religioso: i kosovari erano in maggioranza musulmana, mentre in Serbia la popolazione era prevalentemente costituita da cristiani ortodossi. Per la Lega vale il diritto all'autodeterminazione dei popoli, ma è necessaria un'ulteriore riflessione se parliamo di musulmani. In questo caso infatti, «ci auguriamo che possa essere evitata, ma se ci sarà, questa sarà la guerra dei framassoni, e la Padania è contro la guerra fatta all'amico popolo di Belgrado»[7]. Umberto Bossi nel 1999, unico leader dopo Armando Cossutta, si reca dal leader serbo Milosevic, poi riconosciuto colpevole di genocidio e responsabile della deportazione di duecentocinquantamila persone[8] ma, nonostante questo, a suo giudizio vittima di una gravissima persecuzione politica e giudiziaria. La partigianeria filoserba della Lega preoccupa anche i partiti italiani e Marco Pannella manifesta la sua contrarietà. Per tutta risposta Bossi replica con un inequivocabile «meglio Milosevic che Culosevic»[9], e invita il popolo italiano a trascorrere la Pasqua a Belgrado. E poi arriva puntuale la semplificazione politica per giustificare l'opposizione all'intervento militare in chiave antiamericana: sono gli yankees infatti a dirottare gli albanesi in Padania, e dalle loro basi italiane partono le guerre a cui i leghisti si oppongono. Il riferimento, naturalmente, va ad Aviano, base militare italiana in provincia di Pordenone da dove partivano i caccia bombardieri della NATO.

Contro gli americani massoni, che non riconoscono la Padania ma si battono per l'autonomia del Kosovo, scatta anche la vendetta a suon di boicottaggio: su «La Padania» si invitano i lettori a non entrare più al McDonald e a non stappare più lattine di Coca Cola, la bevanda preferita dell'Umberto. Bossi è l'arciere contro il vecchio continente colonizzato dagli yankees e dalle basi NATO, contro quegli Stati Uniti colpevoli di non avere riconosciuto l'autodeterminazione della Padania, ma quella degli abitanti del Kosovo, che per il Senatùr non sono altro che immigrati albanesi.

La battaglia contro la globalizzazione si concretizza, oltre che nella critica al liberismo selvaggio di importazione statunitense, nella critica all'Europa che vuole imporre la propria sovranità sugli Stati-nazione e, ancor peggio, sui popoli senza nazione. La débâcle leghista per la mancata morte in culla dell'Europa arriva con l'introduzione dell'euro che celebra d'ufficio il funerale del sogno secessionista. La mannaia scese inesorabile su Romano Prodi, l'uomo della moneta unica: accusato di essere un tecnocrate, come gli uomini della sinistra in Europa, che mirava a un super Stato mondiale. L'intento secessionista disintegrato dalla nascita della moneta unica è confermato ante litteram dal Senatùr che al tavolo di un'osteria a Venezia nel giorno della proclamazione della repubblica padana, il 14 settembre 1996, dichiara: «Qui il nodo di tutta la faccenda è l'Europa. Se l'Italia non ce la fa a partecipare all'Unione monetaria, siamo a cavallo e possiamo sperare di dividere il Paese. Se invece l'Ulivo rimette i conti in ordine, allora non c'è niente da fare. Siamo fregati. La secessione possiamo scordarcela»[10]. Fallita la secessione, cade anche l'idea della globalizzazione intesa some libero scambio delle merci e circolazione degli individui. Crolla di fatto un sistema su cui, erroneamente, erano state convogliate le speranze. E Umberto Bossi osserva con lucidità la sconfitta: «l'idea folle di un nuovo illuminismo che prometteva ricchezza e pace per tutti è fallita. Lo vediamo ogni giorno: altro che ricchi: qui le fabbriche chiudono e i nostri lavoratori non arrivano a fine mese»[11]. E anche se, una volta approvato l'euro, il ritorno al passato è del tutto anacronistico, la linea non viene smussata. Federico Prati, segretario dell'Associazione Culturale Identità e Tradizione chiarisce che: «l'unificazione europea è una realtà di fatto. Ma di quale unificazione si tratta? Prevale un processo d'integrazione economica e monetaria a discapito d'altri fattori quali l'identità etnonazionale, la cultura, la storia e le radici spirituali. Il grande rischio è che l'attuale unificazione tecnocratica e finanziaria cancelli la migliore cultura europea, quella delle patrie etniche e delle tradizioni dei popoli padano-alpini ed europei. Oggi milioni di europei autoctoni vivono in situazione di povertà, senza lavoro sicuro, senza alloggio, senza protezione sociale e sanitaria.

Questo non è altro che il risultato del sistema liberista, che, tanto sbandierato dalla destra alla sinistra come il migliore dei sistemi economici possibili, continua invece a creare nuove ingiustizie.

Noi etnonazionalisti vogliamo un'alternativa di valori e di popolo; non rassegniamoci al pensiero unico dominante! Noi auspichiamo la nascita di un'Europa dei Popoli e delle piccole Patrie, delle specificità etnonazionali, non l'Europa dei mercanti, delle multinazionali e del mondialismo finanziario»[12].

Al super Stato europeo tecnocratico e corrotto, la Lega si oppone *padanamente* con la proposta a Bruxelles di una moneta autoctona, ovviamente respinta, mentre per Giancarlo Pagliarini, la secessione valutaria sarebbe «l'unico modo per andare in Europa con almeno un pezzo di Italia»[13]. Ovvero con il Nord, l'unico in grado di competere sul panorama continentale a fronte invece del Sud, trainato dalla Padania e pronto da solo ad affondare. Passano gli anni, ma la linea della Lega che continua sul solco dell'euroscetticismo non ammorbidisce le sue posizioni e al capro espiatorio di Prodi si aggiunge l'ex presidente della Repubblica Carlo Azeglio Ciampi definito da Roberto Calderoli «corresponsabile del disastro dell'euro»[14].

Alla penetrazione dei capitali dovuta alla globalizzazione dalla quale Giulio Tremonti aveva messo in guardia nel suo *La paura e la speranza*[15], si aggiungono le battaglie contro il mandato di cattura europeo e il relativismo culturale che il continente dei ventisette sta attraversando, responsabile di avere piegato la cultura cristiana con le sue tradizioni. Il rimando al cristianesimo, per un partito che non può essere definito tradizionalmente cattolico, è un argomento politico da spendere contro l'invasione musulmana, l'immigrazione dai paesi islamici, il fantasma del ritorno alle crociate a cui si rifà nei suoi comizi strillati Mario Borghezio. Un partito che costruisce la sua agiografia con la discendenza diretta dai popoli celti e longobardi e celebra il dio Po non può certo essere riconosciuto in linea con la tradizione vaticana ma, nonostante le incoerenze sostanziali, l'antagonismo contro Maometto e i suoi funziona.

Il pericolo dell'invasione si concretizza con la possibile entrata della Turchia nell'Unione Europea contro cui, nel 2004, la Lega aveva allestito solo in provincia di Milano venti gazebo per la raccolta firme. Per Davide Boni, allora capogruppo della Lega in Consiglio regionale, la Turchia non era un Paese europeo, né culturalmente, né economicamente, né geograficamente e includere Istanbul era tanto assurdo quanto consentire l'ingresso di un Paese africano o sudamericano. Inoltre, come spiegava Marco Rondini, allora segretario provinciale della Martesana con un passato nel movimento razzista del Fronte nazionale di Franco Freda, l'entrata dei turchi in Europa avrebbe consegnato le chiavi del continente all'Islam.

Ai microfoni di Radio Radicale, Calderoli spiega che «l'ipotesi di ingresso della Turchia nell'UE è un crimine contro la nostra storia, contro le nostre radici cristiane e contro la nostra economia. È un qualcosa che va contro l'interesse del nostro Paese e dell'Europa»[16]. E Matteo Salvini, unendosi ai suoi compagni di partito, in concomitanza con la bocciatura del Trattato di Lisbona da parte dell'Irlanda, mentre brindava con la Guinness in mano davanti alla sede della Commissione Europea a Milano, aveva invocato il referendum contro l'eventuale ingresso della Turchia in un'Europa che, a suo giudizio, era solo un'entità burocratica e dispendiosa che impone le sue decisioni sui flussi migratori.

Tra le ragioni per il no all'entrata di Istanbul, oltre alla motivazione mascherata ma predominante della maggioranza musulmana, la Lega sbandiera il mancato riconoscimento del genocidio degli armeni. Peccato che nel caso del Kosovo, la parte della Turchia negazionista sia stata interpretata dalla Lega, vicina al *fratello* Milosevic.

Tra incoerenze e strumentalizzazioni, il golem musulmano che all'ombra dell'Europa avanza inesorabile tra immigrazione e Islam, sarebbe soltanto l'ultimo passo prima del baratro. Bisogna fermarli in tempo, diffondere il concetto di *Eurabia* ripreso da Oriana Fallaci dopo l'attacco alle Twin Towers. L'invasione dei popoli musulmani porterebbe in qualche decennio alla sconfitta dell'identità europea, all'adozione della poligamia, alla violenza sulle donne dettata da una cultura aliena, alla parità tra i sessi e infine all'annullamento delle tradizioni e dei simboli cristiani. Per Mario Borghezio, come sempre monolitico, bisogna fermare il cavallo di Troia musulmano. Come? Intervenendo anche sulla didattica dell'insegnamento della religione islamica e sui relativi testi scolastici. I manuali che arrivano in Italia e in Europa, infatti, provengono da Paesi di area musulmana, specie dall'Arabia Saudita. Per Borghezio sono tutti uguali: sono edizioni tascabili di integralismo fondamentalista, pillole di sharia, orientati alla predicazione della jihad e lontani dai valori fondanti dell'Europa. Per la Lega, la parola d'ordine, quando si parla di Islam o di altre culture, è la semplificazione.

Alla lotta contro l'Islam si affianca anche la strenua difesa del crocifisso, in patria come in Europa. Bossi, cristiano a intermittenza a seconda dell'opportunità politica, aveva definito una stronzata la sentenza di Strasburgo che aveva imposto all'Italia di togliere il crocifisso dalle aule scolastiche.

Infatti, nonostante i riti celtici, il dio Po e il corollario dei *santi ispiratori* come Alberto da Giussano, da tenaci lottatori contro l'invasione musulmana, i leghisti ambiscono, specie sul palcoscenico europeo, a ergersi a difensori della cristianità decaduta dell'Europa del relativismo imperante, novelli Templari per la custodia dei crocifissi e la preservazione del suolo pubblico dalla costruzione di moschee e minareti. La nuova Lepanto, la riscossa politica contro l'immigrazione, travestita da crociata cristiana, risiede nella lotta alla religione musulmana anche se il sogno dell'arresto dei flussi migratori è pura utopia. Oltre ad attaccare il fronte nemico, si promuove anche un osservatorio per proteggere la cristianità intera, sempre partorito dalla mente di Borghezio, contro la cristiano-fobia, con un focus particolare in Egitto. E se il popolo padano non è ancora convinto a sostenere la battaglia leghista contro l'invasione musulmana, l'eurodeputato torinese gioca la carta degli alcolici, vietati secondo la tradizione musulmana: «queste norme verranno imposte anche ai nostri popoli di gloriosa origine celtica, dagli irlandesi ai bretoni a noi padani, fieri della nostra birra e del nostro vino!»[17]. Se i padani non abboccano sul tema Islam, allora la minaccia della sobrietà è la carta vincente.

Note

[1] Gianfranco Miglio, *Come Le Pen? Purtroppo no, per fortuna no,* in «L'espresso», 9 febbraio 1992.

[2] Piero Ignazi, *Apprendisti stregoni*, in «espresso.repubblica.it», 7 maggio 2009.

[3] Gianni Barbacetto, *Miglio, l'ideologo che voleva lo Stato Mafia*, in «Il Fatto Quotidiano», 25 settembre 2010.

[4] ANSA, 23 dicembre 1994.

[5] Gigi Padovani, *La Padania, quotidiano leghista, esalta il leader austriaco «Le nostre affinità con Haider»*, in «La Stampa», 31 gennaio 2000.

[6] *Addio a Jörg Haider, un vero europeo, un amico della Padania*, da «leganord.org», 11 ottobre 2008.

[7] ANSA, 23 marzo 1999.

[8] *Milosevic incriminato per genocidio in Bosnia*, in «la Repubblica», 23 novembre 2001.

[9] Umberto De Giovannangeli, *La Lega, un lunga love story con Milosevic,* in «l'Unità», 23 febbraio 2008.

[10] Enzo Carnazza, *Il Carroccio tradito*, Bietti, Milano 1998, in Adalberto Signore - Alessandro Trocino, *Razza padana*, cit.

[11] Matteo Mauri, *Globalizzazione fallita, torniamo ai valori,* in «leganord.org», 21 marzo 2008.

[12] Federico Prati, *Vogliamo un'Europa dei popoli, non dei mercati,* in «La Padania», 23 ottobre 2004.

[13] *L'Europa: no alla Padania di Bossi,* in «corriere.it», 3 settembre 1996.

[14] Marzio Breda, *Irritazione del Colle: basta euroscetticismo*, in «Corriere della Sera», 6 giugno 2005.

[15] Giulio Tremonti, *La paura e la speranza,* Mondadori, Milano 2008.

[16] ANSA, 3 dicembre 2004.

[17] Adalberto Signore - Alessandro Trocino, *Razza padana*, cit.

PARTE SECONDA

Tutto il mondo è Padania: scuola, sanità, banche

Scuola

> Non possiamo lasciare martoriare i nostri figli da gente che non viene dal nord. Un nostro ragazzo è stato bastonato agli esami perché aveva presentato una tesina sul federalista Carlo Cattaneo. Noi ai bambini insegniamo fin da quando nascono che non siamo schiavi e non lo siamo mai stati.
>
> UMBERTO BOSSI

Si parla di scuola e spunta fuori la Lega. Il Carroccio, da quando ha conquistato poltrone e incarichi, non si è risparmiato nemmeno dal pronunciarsi con toni impositivi e proposte in contrasto con i valori costituzionali in tema di istruzione. Le direttive vengono da un partito che non ha fatto del confronto culturale la sua bandiera per convincere nuovi elettori e conquistare il territorio, perché puntare alla pancia era l'ordine politico. La canalizzazione della rabbia contro gli immigrati, le diversità e tutto ciò che non è padano è infatti stata, sin dalle origini, la leva su cui impostare la retorica, locale e nazionale, accostando ai bisogni di tutela e difesa oltranzista dell'identità, la proposta di soluzioni ai problemi reali, gonfiati dal vuoto politico soprattutto a sinistra.

Anche la scuola, nonostante la Lega non abbia mai manifestato particolari competenze didattico-educative, è il luogo dove fare valere il proprio programma, dove vantare una linea concreta e determinata. E poco importa se a proporlo è il partito dove il gesto dell'ombrello e il dito medio sono diventati gli emblemi culturali della comunicazione, dentro e fuori dal comizio, per incendiare la militanza o inseguire il mito del "celodurismo" verbale. Poco importa che il fondatore Umberto Bossi abbia conseguito a fatica, qualche anno dopo avere terminato le scuole medie, il diploma per corrispondenza alla Scuola Radio Elettra di Torino e si sia poi iscritto senza successo alla Facoltà di Medicina. E che anche la prole di primo e secondo letto, con Riccardo e Renzo, non spicchi per il profitto scolastico.

La scuola pensata dalla Lega avrebbe dovuto vantare un pedigree inconfondibile: l'obiettivo del partito infatti, fin dai *roaring 90's* della secessione, era quello di istituire una rete di scuole padane, dove all'ingresso avrebbe campeggiato in bella vista il Sole delle Alpi per sostituire l'odiato Tricolore. Scuole del Nord per risvegliare le lingue autoctone, dalla Val Trompia alle valli bergamasche. Un progetto pilota di scuola padana, annunciato con grandi ambizioni (e grandi numeri), dai tempi del Parlamento di Mantova. Aveva infatti anticipato Roberto Maroni che si sarebbe trattato di una scuola normale privata, con i suoi insegnanti, i suoi piani di studio. In che cosa consistevano? Nel racconto della storia vera, non quella scritta dai programmi romani. La rivoluzione, secondo Bobo, stava nell'intraprendenza locale dell'educazione, non nelle istituzioni romane, contrarie al progetto unitario e secessionista della Padania. L'interesse a proporre un modello alternativo aderente ai principi fondanti del partito colpisce due bersagli. Primo, la famigerata Roma ladrona che con le sue istituzioni centraliste, aduse allo spreco, ostacola il percorso individuale delle regioni e delle autonomie locali e predilige l'uniformità dei programmi scolastici al posto di un'individualizzazione che consentirebbe alla Padania di distaccarsi dal resto del Paese; secondo, provare a ribaltare l'egemonia culturale della sinistra che, dal dopoguerra a Berlinguer, si era ritagliata anche nella scuola un'importante area di influenza politica e sociale. Infatti, sempre secondo Maroni, per cinquanta anni la Democrazia Cristiana non ha lasciato spazio a nessuno per la gestione del ministero degli Interni e dell'Istruzione, cardini secondo lui, del potere romano. I primi progetti pilota sarebbero dovuti partire a Crema, Cremona e nei comuni retti da amministrazioni leghiste e nel caso in cui il braccio educativo verde avesse dovuto incontrare ostacoli, i dirigenti locali avrebbero chiesto al Provveditorato agli studi di inserire un'ora a settimana per l'insegnamento di lingua e tradizioni locali. La rete a cui puntava il Senatùr spaccone era molto ambiziosa: duecento scuole padane, da insediare anche nelle amministrazioni non rette da un sindaco leghista. In principio sarebbero state scuole elementari. Ma pubbliche o private? La risposta vaghissima nell'oracolo criptico di Bossi, era: «saranno del popolo padano e private perché il popolo del Nord non è libero»[1].

A spiccare nella galassia dell'istruzione padana è la Scuola Bosina di Varese o Libera Scuola dei Popoli Padani, fondata nel 1998 dalla seconda e attuale moglie di Bossi, Manuela Marrone. Intitolata a Giuseppe Talamoni, poeta e ideatore della maschera varesina Pin Girometta, oltre che fondatore del gruppo folkloristico bosino, è oggi costituita da scuola dell'infanzia, primaria e secondaria, tutte parificate rispettivamente nel 2001, 2005 e 2006. La filosofia dell'istituto è scritta in chiaro sul sito: «Nell'attuale società, crogiolo di culture multietniche e simbolizzata dalla *Babele di Internet*, è importante che i ragazzi siano coscienti e sicuri della propria appartenenza a una comunità per riuscire a comprendere e a discernere la complessità e l'importanza delle varie culture.

Oltre allo studio del territorio, la Scuola Bosina ha fin dall'inizio fatto propria l'idea del *mens sana in corpore sano*, sapendo bene che lo sviluppo dei bambini non passa solo dall'intelletto ma anche dal corpo. Lo sport è uno dei tanti mezzi per far conoscere ai fanciulli le proprie potenzialità e sviluppare l'aggregazione con i compagni»[2].

Presieduta oggi dall'ex senatore Dario Galli, la scuola Bosina è stata al centro delle polemiche a seguito dei pingui finanziamenti ricevuti dal ministero del Tesoro lo scorso 9 giugno 2010. Grazie al supporto del presidente della Commissione Bilancio in quota Lega, Giancarlo Giorgetti, si è assicurata l'arrivo da Roma di 300.000 euro per il 2009 e 500.000 per il 2010. La didattica sarà migliore se contigua al concetto di identità locale, ma l'istinto nazionale prevale quando si tratta di succhiare finanziamenti dallo Stato centrale. La somma di 800.000 euro figura nel piano del «Fondo per la tutela dell'ambiente e la promozione dello sviluppo del territorio», in cui compaiono una lista sterminata di enti, comuni e associazioni dai nomi improbabili, (l'Accademia sulmonese degli Agghiacciati fino a Trapani per il Terzo Mondo), su cui deputati e senatori puntano per fini elettorali attraverso il finanziamento di progetti funzionali alla propria immagine e al proprio successo politico, come nel caso della Bosina. Al centro dell'attività didattica, che comunque si attiene ai piani ministeriali, c'è anche la «progressiva scoperta del territorio», che «avviene fin dalla scuola dell'infanzia, presentando narrazioni popolari, leggende, fiabe e filastrocche strettamente legate alle tradizioni locali e "numerose visite guidate sul territorio, che consentono al bambino di riconoscere da diverse angolature la propria identità"»[3]. Il danno di immagine per il partito che disdegna – a corrente alterna – la cultura del fast food e il centralismo romano è evidente. Roma ladrona, da attaccare in quanto simbolo di sprechi e scarsa parsimonia, diventa il bacino a cui attingere alla pari di chi si nutre dello stesso sistema definito parassita dai puristi verdi. E questa è solo la punta dell'iceberg per il partito che, godereccio quanto gli altri, sguazza nelle serate romane del partito, si fa servire dalle auto blu ed è inserito a pieno titolo nel jet set pop-trash con le frequentazioni di Renzo Bossi con la *pupa* Elena Morali. La trasparenza giurata dalle origini è l'ombra del partito, l'alter ego indesiderato che fa capolino in chi lo aveva sempre brandito contro i nemici. Bruno Specchiarelli, presidente della cooperativa che ha fondato la Bosina, difende il finanziamento ricevuto in nome della parificazione con le scuole statali e contrattacca con lo stesso stile di Silvio Berlusconi: crede che si tratti di un attacco deliberato alla famiglia Bossi. «In tanti», spiega, «hanno usufruito della cosiddetta "legge mancia", non vedo perché si debba criticare solo la Lega Nord. Noi siamo una scuola paritaria riconosciuta a livello ministeriale: abbiamo fatto lavori per più di 800.000 euro e questi fondi vanno a pareggiare un debito che abbiamo contratto proprio per i lavori. La nostra è una scuola che cresce: dal 2005 siamo passati da 25 ragazzi a oltre 300, con 35 dipendenti in regola [...]. La signora Marrone fa parte del CDA della Scuola Bosina e insegna nell'istituto a titolo gratuito, facendo valere la propria esperienza. Ringraziamo i senatori e gli onorevoli che si sono battuti per farci avere questi soldi, e ovviamente anche il nostro presidente della Commissione Bilancio, Giancarlo Giorgetti»[4]. La questione di immagine è dirimente per la Lega, ma la sua scalfitura non si limita soltanto agli 800.000 euro a Lady Bossi. Infatti, grazie alla "legge mancia", dal 2009, con l'aiuto di Giorgetti, i leghisti hanno portato milioni di finanziamenti pubblici nei propri collegi, specialmente nel Varesotto.

A Cazzago Brabbia, paese di origine del presidente della Commissione Bilancio, sono arrivati 115.000 euro per la riqualificazione e l'abbattimento delle barriere architettoniche; a Biandronno, dove il fratello Giuseppe Giorgetti è assessore al Commercio, Piccola e Media Industria, Informatica, dei Rapporti con Enti Istituzionali, alle Risorse e Sviluppo Fonti Energetiche Alternative e alla Ricerca Risorse Finanziarie, 133.500 euro hanno pagato la costruzione di un marciapiede. Nel Comune retto da Fabio Rizzi, Besozzo, sono stati spesi 20.000 euro per la facciata esterna della scuola materna di Cardana, altrettanti per gli spogliatoi del campo sportivo di Bogno e 100.000 per la casa di riposo Fondazione Ronzoni.

Ma la lunga lista non finisce qui. Infatti grazie alla "legge mancia" sono stati ottenuti anche «30.000 euro per il Comune di Buguggiate, 100.000 euro per la mensa delle scuole medie di Mornago, 90.000 euro per il pala ghiaccio di Varese, 140.000 euro per il bikesharing a Busto Arsizio, 450.000 euro per la pista ciclopedonale a Cairate, 55.000 euro per Cassano Magnago, 100.000 per Azzio, Castronno, Malgesso, Vergiate e Cittiglio, 150.000 per la Croce Rossa di Gavirate, 125.000 per la scuola elementare di Gazzada Schianno, 150.000 per Lonate Pozzolo, 125.000 per Morazzone, 108.000 per Osmate, 100.000 per Sesto Calende, 60.000 euro per la Fondazione Molina, 1 milione e 900.000 euro per la Provincia di Varese (pista ciclopedonale dell'Olona, progetti pro disabili, miglioramento delle acque dei laghi, riqualificazione della Forcora), 150.000 per scuola ed ex municipio di Albizzate»[5]. E la Provincia di Varese, la stessa d'origine di Roberto Maroni e Umberto Bossi, è lo zoccolo duro degli interessi elettorali del Carroccio e dei suoi esponenti di punta.

La questione settentrionale della scuola padana – o questione della didattica in chiave antimeridionalista – conosce anche il valore dell'insegnante padano ben diverso, per attitudine e competenze secondo le Camicie Verdi, da quello del Sud. Tuttavia, ben prima della tradizionale diatriba *polentùn* contro *terùn*, nella Lega ha trovato spazio anche una polemica sessista sul personale docente. Secondo i parlamentari verdi, infatti, la scuola doveva essere riformata in senso più maschile, vista la straordinaria sproporzione di docenti donne. Secondo Giovanna Bianchi Clerici, membro del Consiglio di amministrazione di Viale Mazzini in quota Lega, l'eccessiva presenza delle donne rappresenterebbe «un handicap nei processi educativi e di maturazione degli adolescenti, soprattutto maschi, a cui vengono a mancare modelli di riferimento e di imitazione necessari nella loro crescita»[6]. Clerici allude al pericolo della deriva omosessuale. Non sia mai: la Lega difende solo la famiglia tradizionale. Un timore che, oltre che del tutto anacronistico, sminuisce il valore educativo dell'insegnante, il cui sesso è imprescindibile dalla qualità della sua attività e dalle conseguenze sugli alunni. Il paradosso finale, poi, è che il problema sia stato sollevato da un deputato donna, secondo cui la predominanza nella scuola è femminile «a causa della costante perdita di prestigio sociale ed economico. Fare l'insegnante è di fatto diventata una professione femminile, perché consente di conciliare lavoro e famiglia, grazie all'orario di lavoro meno impegnativo rispetto ad altre professioni»[7]. Peccato che già nel 2003, all'epoca della boutade di Bianchi Clerici, il Carroccio non si fosse accorto che l'Italia non era l'eccezione ma la normalità, in un'Europa in cui la professione dell'insegnante tendeva ad assumere sempre più il colore rosa. Gli uomini rimanevano invece ben arroccati nei ruoli di dirigenza scolastica con il 54,2% delle presenze nel 2003 per la scuola dell'obbligo e un vertiginoso 76,2% negli istituti superiori. Il problema posto dal consigliere RAI, oltre che ignorare una tendenza trasversale in Europa, tingeva di sessismo la femminilizzazione della scuola a scapito di una riflessione più profonda e produttiva sul prestigio e la valorizzazione della professione di insegnante.

Oltre al dilemma del sovrannumero delle insegnanti donne, nel corso degli anni la Lega ha insistito sul tema, caldissimo poiché fortemente orientato, della provenienza dei docenti. Con nette preferenze per quelli del Nord. Trattasi *in primis* di vendetta personale cui segue reazione a effetto domino: a scatenare le polemiche è stato infatti il pessimo rendimento scolastico di Renzo Bossi, bocciato per ben tre volte all'esame di maturità. Lui conferma soltanto due, visto che il TAR ha riconosciuto dei vizi di forma nel secondo esame orale. «Mi hanno bocciato due volte», aveva spiegato. «La prima avevo quindici anni, ed era il periodo della malattia di mio padre. Ero confuso, stordito. La seconda è stata alla maturità nel 2008. Il mio esame era viziato: la prova di matematica era diversa da quella degli altri. Infatti ho fatto ricorso al TAR e l'ho vinto. La scuola mi ha consentito di rifare l'esame orale da privatista, ma era ovvio a quel punto che volevano bocciarmi: sono andato demotivato»[8]. Che la commissione fosse davvero composta da insegnanti meridionali viziati da un pregiudizio negativo nei confronti del candidato? A chiarire la questione interviene anche don Gaetano Caracciolo, il rettore dell'istituto religioso Bentivoglio di Tradate dove Renzo ha sostenuto l'esame. La commissione, spiega, «è composta da tre docenti interni, tre esterni e un presidente, esterno anch'egli». E sulla provenienza? «I tre interni sono settentrionali mentre per il resto la composizione è mista in tutti i sensi, ma i professori non hanno regione né parte politica. Fanno il loro lavoro di educatori. E questo lo sa anche ogni cuore di papà»[9].

Il pregiudizio della commissione ventilato da Bossi jr viene abilmente sfruttato dal padre sul doppio binario: per avviare la campagna contro gli insegnanti del Sud e per impugnare il razzismo al contrario nei confronti della prole, stigmatizzata per la sua tesina sul padre del federalismo Carlo Cattaneo. Secondo Bossi, infatti, gli studenti del Nord sarebbero in balìa di professori emigrati nelle loro scuole settentrionali che ignorano la cultura della regione di arrivo e che, in una sorta di vendetta perversa, martoriano gli studenti padani. Poi aveva sparato l'attacco pregiudiziale nei confronti di un "loro ragazzo", senza specificare che si trattava del figlio pluribocciato: «Un nostro ragazzo è stato *bastonato* agli esami perché aveva presentato una tesina sul federalista Carlo Cattaneo. [...] È una vergogna vedere come vengono fatti gli esami di Stato con insegnanti ignoranti della cultura veneta o lombarda che non sono del Nord e che fregano i nostri ragazzi»[10]. Il tema della cultura del Nord, ignorata dagli insegnanti meridionali, è uno dei cavalli di battaglia su cui il partito intende orientare le sue proposte di legge. E anche i numeri sono dalla sua parte quanto meno in tema di quantità: secondo i dati raccolti dal ministero dell'Istruzione, nelle graduatorie due insegnanti su tre provengono dal Mezzogiorno. Nel 2009 il 35,1% degli aspiranti professori proviene dal Sud e dalle isole, contro il 42, 7% del Nord. Un trend che si è invertito a favore del Nord, visto che solo nel 2000 il Sud vantava il 58,9% contro il 26,3%. Che oltre un terzo degli aspiranti insegnanti per le elementari del Nord risieda al Sud è funzionale alla discussione del problema occupazionale da risolvere, ovviamente, per favorire i padani. Ma come agire a livello istituzionale per ostacolare l'avanzata dei meridionali? Oltre alla demagogia fatta sulla bocciatura di Renzo e l'acredine della sua commissione sudista, a fare da portavoce per inserire gli emendamenti desiderati è Paola Goisis, in Commissione Cultura alla Camera, convinta che, dopo trent'anni di tirannia della sinistra che ha disorientato generazioni di alunni, gli studenti hanno bisogno solo di Bossi e degli insegnanti del Nord, depredati del loro lavoro dai meridionali: «Dopo trent'anni di scuola di sinistra i nostri studenti sono disorientati, non sanno più cosa significa il rispetto delle istituzioni. Hanno bisogno di essere guidati dal nostro segretario e dai professori del Nord. Non è possibile che vengano da ogni parte a togliere lavoro agli insegnanti del Nord»[11]. La Goisis, che avrebbe portato la voce della Lega nella riforma Gelmini, era preoccupata perché gli studenti conoscevano l'inno di Mameli e i sette re di Roma, ma nemmeno il nome di un doge, o perché la didattica ministeriale snobbava Cattaneo a favore di Sciascia o Pirandello. Il primo obiettivo è l'istituzione di albi regionali i cui iscritti devono essere presenti da cinque anni sul territorio per potere insegnare e devono dimostrare di saper conoscere la lingua e le tradizioni della regione di arrivo. Una proposta ben accolta dal ministro dell'Istruzione Mariastella Gelmini che ha spiegato: «l'albo regionale è uno strumento, l'obiettivo è innalzare la qualità della scuola. Trovo insopportabile, come la gran parte dei genitori, il turn over degli insegnanti. Bisogna avvicinare il luogo di lavoro al luogo di residenza», ma ha ammorbidito la soglia del lustro proposta dalla Goisis, visto che, «se un insegnante di Palermo vorrà lavorare in Lombardia potrà farlo, a patto di garantire almeno due anni di residenza»[12]. A fare gioco di sponda alla proposta della Lega arrivano anche i risultati di una ricerca OCSE-Pisa secondo cui: «il divario fra la percentuale di studenti in difficoltà nel Mezzogiorno e la media Italia era di quasi tredici punti percentuali per la matematica e di 10,6 punti per la lettura»[13]. Curioso che tanta sintonia in materia di scuola, per quanto condivisibile e volta a migliorare la qualità dell'insegnamento, sia stata scatenata dalla bocciatura strumentalizzata del "Trota" e venga favorevolmente accolta da un ministro che ha deciso di sostenere l'esame da avvocato in trasferta, da Brescia a Reggio Calabria, dove la percentuale dei promossi (93 su 100) era una garanzia di successo.

Propedeutico all'accesso all'albo, secondo la proposta della Goisis, sarebbe stato un test da sottoporre agli insegnanti, dal quale potesse emergere «la loro conoscenza della storia, delle tradizioni e del dialetto della regione in cui intendono insegnare»[14]. Dichiarazione abnorme e prontamente smentita per lasciare spazio a una più generica verifica sulla conoscenza del territorio e delle tradizioni locali. Il presidente della Commissione Cultura Valentina Aprea ha infatti ribadito di essere stata ostacolata nei lavori dalle polemiche sorte a seguito della proposta della Lega in contrasto coi principi della Costituzione. E i titoli di studio non potrebbero essere un metro oggettivo di valutazione della qualità degli insegnanti? Goisis risponde in senso negativo, visto che nella maggior parte dei casi sarebbero "comprati" e non garantiscono omogeneità. Quindi, meglio un test sulle tradizioni locali che un curriculum di tutto rispetto proveniente da regioni non confinanti o, ancor peggio, meridionali. Se Goisis smentisce fingendo di non aver mai parlato di lingue locali a scuola, è Bossi stesso che vuole gridare contro la «carcerazione dei dialetti del Nord»[15], rilanciata nel 2009 dal palco di Pontida.

Nonostante il dialetto a scuola muoia nel testo della riforma, la Lega lo ripropone ciclicamente in contesti diversi. Aveva infatti avanzato l'idea del test di italiano per gli stranieri che desiderano aprire un negozio nel nostro Paese, con l'obbligo di esporre insegne esterne all'esercizio commerciale in italiano, in una delle lingue ufficiali dei paesi dell'Unione Europea o, meglio ancora, in dialetto.

Il test di italiano per l'inserimento nella cultura locale era stato formulato anche in un progetto di legge del 2005 a firma di Andrea Gibelli e Flavio Rodighiero, per aiutare l'integrazione degli studenti, specialmente quelli extracomunitari, nel tessuto sociale e culturale italiano. Oltre a rispondere a una domanda didattica che arriva anche da parte degli insegnanti, la Lega ha cavalcato l'onda degli extracomunitari a scuola per scongiurare l'apertura di scuole *ad hoc* di orientamento islamico e di lingua araba, come quella di via Quaranta a Milano. Le classi separate *tout court* rappresentano quanto di più ghettizzante per gli studenti che si avvicinano alla cultura di un nuovo Paese, e di più antididattico, vista l'importanza dell'interazione con i madrelingua italiani per comprendere il nuovo tessuto culturale. Il problema dell'insorgere di una scuola islamica è drammatico per i colonnelli e per il partito anche nel caso in cui si agisse entro la legalità. Matteo Salvini, infatti, nel 2006 aveva chiarito ogni dubbio: se anche avessero rispettato le regole del nostro Paese, il veto contro la scuola islamica era assoluto. Fosse stata una scuola svizzera sarebbe stato diverso, è chiaro; perché in quel caso, secondo Salvini, nessuno avrebbe usato il proprio dio per imporre la propria *civiltà*. I tentativi per far passare la proposta di legge si susseguono e per alcuni esponenti del Carroccio l'idea della Gelmini di imporre il tetto del 30% nelle classi agli immigrati non sarebbe sufficiente. In nome della tutela della propria identità, la tendenza a proporre una separazione radicale sarebbe una soluzione che recide qualsiasi dubbio e apre la via per l'apprendimento degli italiani. Secondo il senatore Alberto Filippi, ad esempio, il Comune di Arzignano in provincia di Piacenza richiederebbe l'adozione di un simile provvedimento a causa del cospicuo numero di cittadini stranieri. Per lui sarebbero ormai gli studenti italiani a essere ghettizzati e non i loro coetanei stranieri: «Giustamente il ministro Gelmini sta pensando di porre un limite del 30% di studenti stranieri in ogni classe anche per non creare quelle che vengono definite "classi ghetto". Ma forse bisognerebbe pensare anche al contrario, proprio alla luce di quello che già oggi sta accadendo in provincia di Vicenza, dove l'impatto dell'immigrazione è talmente alto da mettere in crisi gli stessi residenti». E per convincere della bontà della proposta para preventivo i colpi e spiega che si tratta di difendere i bambini italiani che hanno diritto a «seguire un corso di studi normale»[16]. In questo caso il tetto del 30% previsto dalla riforma Gelmini potrebbe risolvere il nodo del surplus di immigrati nelle classi, per favorire l'inserimento di italiani e stranieri. Tuttavia i problemi strutturali vanno ben oltre la soglia stabilita dal ministro, che vuole diradare la presenza degli immigrati nelle classi solo tagliando i fondi alla scuola, senza garantire il miglioramento delle strutture. Chi eccederà il 30% sarà inserito nelle classi ponte, istituite appositamente solo per l'insegnamento dell'italiano e della cultura del nostro Paese. Rimane un mistero su chi gestirà queste nuove unità, visto che l'avvocato promosso a Reggio Calabria ha deciso di tagliare migliaia di insegnanti. Hanno protestato i professori, che da Nord a Sud si sono mobilitati insieme ai genitori per garantire stabilità alla propria occupazione e al tempo pieno di qualità, richiesto dalle famiglie impegnate anche sul fronte lavorativo. Gelmini-Bossi è un sodalizio incrinato dalle polemiche sul maestro unico e dall'assenza di vita scolastica nel curriculum del ministro[17] (a differenza della moglie del Senatùr Manuela Marrone), ma rinsaldato ancor più dalla proposta di una laurea honoris causa al fondatore della Lega. E la regalìa arriva proprio da Mariastella in persona.

Nel Paese in cui le lauree ad honorem vengono elargite in pompa magna anche al patteggiatore fiscale più famoso d'Italia Valentino Rossi e a Mike Bongiorno, non si nega a nessuno un riconoscimento accademico. Non fosse che per dare lustro all'università che lo propone, come spesso accade. La carriera scolastica di Umberto Bossi non ha certo brillato: terminate le medie, aspetta qualche anno prima di iscriversi al corso per corrispondenza della Scuola Radio Elettra di Torino per conseguire poi la maturità scientifica da privatista al liceo Einstein di Milano, superando l'esame di Stato con 36/60. Tenta anche la strada dell'università iscrivendosi alla Facoltà di Medicina a Pavia. Nell'aprile del 1975 annuncia a Gigliola Guidali, che diverrà la prima moglie e madre di Riccardo, di essersi laureato mentre impugnava la sua valigetta in pelle marrone assaporando la professione. Nessuna laurea, Medicina rimarrà incompiuta come Giurisprudenza, a cui si era iscritto presso l'Università di Padova il 28 ottobre 1993. Ma oggi, proprio l'uomo politico che ha fatto del gesto dell'ombrello e del dito medio il *Leitmotiv* della causa padana e che ha assimilato in più occasioni il Tricolore alla carta igienica, per volere del ministro Gelmini verrà insignito della laurea in Scienze della Comunicazione presso l'Università dell'Insubria. A rendere possibile il riconoscimento è il legame speciale che lega a doppio filo il ministro con il leader della Lega: Renzo Dionigi, da dodici anni rettore dell'Università dell'Insubria, è stato infatti medico personale di Bossi dopo l'ictus del 2004, nonché suo docente presso la Facoltà di Medicina di Pavia e da aprile 2010 è superconsulente del ministero dell'Istruzione. Iscritto alla massoneria come emerge dalle indagini di Agostino Cordova del 1992[18], Dionigi si batterà contro l'intero corpo docente che ha già annunciato battaglia affinché il Senatùr riceva la tanto agognata laurea. Bossi si schermisce e definisce l'episodio una «stupidaggine», Gelmini giustifica la proposta con un «se c'è uno che la merita, è lui»[19]. Intanto dall'Università dell'Insubria dicono di non avere mai preso in considerazione l'ipotesi[20]. Nel caso in cui Bossi si porti a casa la pergamena, buone notizie per il pluribocciato Renzo che, visto l'esempio paterno, può sperare di ricevere una laurea da un futuro ministro dell'Istruzione.

Note

[1] ANSA, 1 febbraio 1998.

[2] Da www.scuolabosina.com

[3] Paolo Bracalini - Gian Marco Chiocci, *Dono a Lady Bossi: arrivano ottocentomila euro per la scuola padana*, in «Il Giornale», 12 luglio 2010.

[4] Tommaso Guidotti, *Dal Governo 800 mila euro per la Scuola Bosina*, in «varesenews.it», 12 luglio 2010.

[5] *Ibidem.*

[6] ANSA, 12 febbraio 2003.

[7] *Ibidem.*

[8] *Bossi* jr, *"Ai Mondiali non tifo Italia"*, in «lastampa.it», 20 aprile 2010.

[9] *Bossi e i prof, il figlio bocciato portava una tesi su Cattaneo*, in «repubblica.it», 20 luglio 2008.

[10] *Federalismo, Bossi apre al* PD. *Gestaccio contro l'inno d'Italia*, in «repubblica.it», 20 luglio 2008.

[11] *Bossi, insulti all'inno e docenti del Sud*, in «corriere.it», 20 luglio 2010.

[12] Marzio Mian, *«Stare a casa dopo il parto? Un privilegio»*, in «IoDonna», 30 aprile 2010.

[13] ASCA, 15 luglio 2010.

[14] *Lega: «Test di dialetto per i prof». Scontro sulla scuola, stop a riforma*, in «corriere.it», 28 luglio 2009.

[15] ANSA, 8 agosto 2009.

[16] ANSA, 11 novembre 2009.

[17] Paola Setti, *«Caro Bossi, io non avrò insegnato ma tu non sei un costituzionalista»*, in «ilgiornale.it», 6 luglio 2008.

[18] Simone Ceriotti, *Laurea honoris causa a Umberto Bossi? Ci pensa l'amico medico, rettore a Varese*, su «Il Fatto quotidiano», 12 agosto 2010.

[19] *Laurea honoris a Bossi? Vota il sondaggio on line*, in «laprovinciadivarese.it», 10 agosto 2010.

[20] Piero Orlando, *Finisce la rivolta dei presidi. E inizia quella dei ricercatori*, in «laprovinciadivarese.it», 16 settembre 2010.

Sanità

> Le dichiarazioni dell'arcivescovo di Milano Carlo Maria Martini circa la necessità di dare piena cittadinanza sanitaria a tutti gli immigrati clandestini senza segnalarli alle autorità competenti creano una pericolosa confusione e contribuiscono ad abbassare la soglia della legalità e della giustizia.
>
> GIANCARLO GIORGETTI

Ospedali, ambulatori, medici e il sistema nazionale sanitario sono stati spesso oggetto di ardite dichiarazioni da parte degli esponenti della Lega, intenzionati a combattere la clandestinità e a scovare immigrati senza permesso di soggiorno con il contributo dei medici e del personale sanitario. I tentativi di rendere effettive ed efficaci queste misure si sono concretizzati nelle proposte di emendamento al DDL sicurezza del ministro degli Interni Roberto Maroni, ma anche nelle piccole amministrazioni locali gli uomini del Carroccio hanno spesso cercato di rendere i principi politici su cui si basa il partito, specie in materia di immigrazione, realizzabili in maniera capillare tramite la collaborazione delle strutture sanitarie. Le proposte, tacciate di razzismo e talvolta di sapore nazionalsocialista, hanno spesso incontrato il veto anche dalla destra alleata di Bossi, da Forza Italia al Popolo della Libertà, contrarie a misure riconosciute come ampiamente anticostituzionali e irrispettose dei diritti civili. Ma l'idea di sanità per la Lega corre su un doppio binario: il primo riguarda appunto la propaganda contro clandestini e immigrati senza permesso di soggiorno, contro i quali le camicie verdi hanno invitato a più riprese a negare le cure necessarie, suggerendo ai medici di tradire il giuramento di Ippocrate in nome della legalità. Il secondo invece sfoggia il tema in chiave federalista per convincere gli elettori che una sanità regionale, fondata sul principio dei costi standard, sia l'asso nella manica per risanare un settore troppo spesso in rosso, dove sprechi e finanziamenti a pioggia sono il deterrente per un uso consapevole e proficuo del denaro pubblico. In realtà il tema del federalismo, per il quale la Lega Nord ha rinunciato – comizi a parte – alle velleità di secessione, è ancora avvolto nel mistero: i decreti attuativi e quanto annunciato da Giulio Tremonti non fanno luce sul reale costo della riforma fiscale che, anche per la sanità, potrebbe rivelarsi un boomerang. Non è scontato, come intendono invece comunicare i papaveri di partito, che la realizzazione dell'autonomia regionale sulla sanità possa condurre a una maggiore razionalizzazione delle risorse economiche, a una redistribuzione più equa dei contributi dei cittadini e possa allo stesso modo sviluppare un sistema virtuoso di servizi. Nemmeno la Lega è riuscita finora a fare luce su questi aspetti: tacciono sui costi, sull'eventualità dell'introduzione di nuove tasse, sull'esplosione della spesa pubblica e sulle modalità di attuazione per replicare con padronanza retorica il populismo dell'annuncio, da Pontida ai comizi elettorali, proseguendo con ispirata determinazione a vendere una sedicente riforma rivoluzionaria senza mettere in guardia dai suoi potenziali – ma assai reali – rischi. E visto che la chiarezza latita, sopraffatta dalla propaganda delle riforme più che dalla loro realizzazione, prevale il pudore di tacere gli effetti di quello che, con ogni probabilità, sarà una riforma di serie B, destinata solo a rendere più leggere le tasche degli italiani: il federalismo fiscale.

Ciò che innanzitutto preoccupa gli analisti e mette in dubbio le reali possibilità di risparmio è la determinazione dei costi standard e poi applicati sul territorio nazionale, da fissare per dare il via al federalismo sanitario. Il costo standard, che sarebbe ricavato dalle regioni virtuose, specie dalla Lombardia, rappresenterebbe il valore di un servizio che diviene *il prezzo giusto* da estendersi a tutto il territorio nazionale. Un criterio che evidenzia una serie di problematicità amplissime: oltre a non razionalizzare il denaro pubblico, infatti, porterebbe a una disparità pressoché disastrosa tra le regioni del Nord e del Sud, che presentano fabbisogni finanziari differenti a causa del reddito impari, del peso dell'evasione fiscale e della conseguente perequazione a carico dello Stato. In Italia, inoltre, persiste radicata un'ampia forbice tra i costi dei servizi sostenuti dalle regioni e tra Lombardia e Calabria, ad esempio, i costi sono radicalmente diversi. Data la situazione, imporre un costo standard nazionale senza considerare criteri complessi, e le relative conseguenze, porterebbe certamente all'applicazione di un federalismo di facciata a danno dei contribuenti, senza alcuna garanzia di eliminare le cattive abitudini e garantire un sistema efficace di assistenza sanitaria. Paradossalmente infatti, uniformando il costo standard a livello nazionale, i servizi sanitari in alcune regioni non potrebbero più essere garantiti e a pagarne i danni sarebbero ovviamente gli *utilizzatori finali*, ovvero i cittadini. Tuttavia la semplificazione marziale delle cifre e dei principi nella retorica leghista convince gli elettori che il costo standard sia la soluzione migliore, in grado di livellare le differenze e rendere il sistema più omogeneo, senza pensare che alla teoria virtuosa non segue una pratica efficiente. L'elettorato, dall'altra parte, percepisce di *essere al sicuro* in quanto a spesa sanitaria visto che, per la determinazione dei costi standard, viene regolarmente citata la culla del Carroccio, ovvero la regione Lombardia. Per osmosi, significa che i cittadini del Nord non hanno nulla da temere. Ma la realtà parla e sottopone alla nostra attenzione altri elementi più concreti della boutade galvanizzante di condurre per mano alla resa dei conti le *sanguisughe* del denaro pubblico nel Mezzogiorno.

Innanzitutto, secondo Vittorio Mapelli, professore associato di Economia sanitaria presso l'Università degli Studi di Milano, «c'è un equivoco da sfatare subito: che le regioni con spesa più bassa siano le più efficienti. Circolano sulla stampa simulazioni riguardanti la sanità che prendono come standard la spesa pro capite di Lombardia e Veneto e stimano un risparmio di 4,5 miliardi di euro. La spesa nelle due regioni è più bassa perché

(a) la popolazione è più giovane, (b) essendo più ricche, ricorrono meno ai servizi pubblici e (c) sono anche più efficienti»[1].

Età e ricchezza infatti sono i due principali elementi che portano a una spesa pubblica profondamente differente tra le regioni del Nord e quelle del Sud. Da ciò deriva, in pratica, che un anziano costa in media 3,8 volte più di un adulto. Inoltre, oggi, è il Fondo sanitario a ripartire in modo diseguale le risorse e a mettere mano al fabbisogno medio nazionale in base alla composizione per età delle regioni. Questo significa che, ad esempio, la regione italiana con il maggior numero di anziani, la Liguria, percepisce per ogni abitante una somma che supera del 16% quanto viene dato alla Campania, ovvero la regione in cui la popolazione è più giovane. Facile capire la differenza tra livello assoluto di costi ed efficienza, scrive Mapelli: «Se una regione riceve e spende 1200 euro per abitante, perché vi sono più anziani, e ogni unità di servizio prodotto dalle ASL costa 200 euro, secondo buoni livelli di efficienza e qualità, produrrà sei unità di servizio, che per ipotesi sono il necessario. Se un'altra regione riceve 1000 euro, perché più giovane, e lo stesso servizio costa 250 euro, perché le ASL sono meno efficienti, produrrà solo quattro unità, anziché cinque come necessario, nonostante la minore spesa. I suoi cittadini fruiranno però di meno servizi, per colpa delle inefficienze, come purtroppo oggi succede in qualche parte del paese»[2].

Un altro problema rilevante ignorato dal criterio del costo standard che semplifica le logiche agli occhi degli elettori senza considerare i dati reali, è l'utilizzo di strutture private da parte dei cittadini. A Sud la popolazione si avvale assai di più del Nord, a causa del reddito pro capite inferiore, di strutture sanitarie pubbliche e, di conseguenza, incide in maniera più rilevante sulla spesa nazionale. Al contrario, nelle regioni del Nord, il numero di cittadini che si rivolgono alla sanità privata è superiore rispetto al Mezzogiorno. Nei fatti, nelle regioni più ricche del Nord la spesa sanitaria pubblica rappresenta infatti il 74%

della spesa totale, ma sfiora l'82% nelle regioni meridionali. Ne deriva che i bisogni sanitari che le regioni del Sud scaricano nel servizio pubblico è maggiore dell'8-10%. Secondo Mapelli, vista la complessità nella determinazione di un costo standard unico su tutto il territorio nazionale, la soluzione per ovviare alle disparità di spesa delle regioni italiane sarebbe data dal calcolo del fabbisogno regionale sanitario ricavato dal numero di malati e dalla determinazione di un costo standard per la cura delle malattie. E per rappresentare i bisogni nazionali degli italiani sarebbe sufficiente stabilire quindici gruppi di malattie e i relativi costi standard.

Ma i lati oscuri del federalismo sanitario non si limitano al dibattito su come scegliere la migliore combinazione di elementi per il costo standard, bensì al meccanismo di perequazione fiscale che lo Stato dovrà adottare per assorbire e livellare la capacità fiscale dei territori. Di questo punto nella legge 42 del 2009, quella che ha dato il via al federalismo fiscale e per cui entro il 2011 il governo dovrà provvedere all'emanazione dei decreti attuativi, non si parla in maniera chiara. Le regioni del Mezzogiorno godono di un minore gettito fiscale dovuto a due fattori: a un reddito pro capite inferiore che, responsabile di un minor gettito fiscale, limita quello *potenziale* e quello effettivo, determinato non solo da uno sviluppo insufficiente, bensì anche dai contributi non pervenuti a causa dell'evasione fiscale. Nel primo caso dunque, l'intervento dello Stato finanzierebbe le regioni appianando le disuguaglianze legate al reddito percepito dai cittadini, nel secondo invece appianerebbe anche la furbizia di chi ha preferito evadere le tasse. A questo punto il federalismo prevede dunque un meccanismo meritocratico di distribuzione delle risorse finanziarie? Secondo Luca Ricolfi, «ad ascoltare la retorica della riforma federalista, si direbbe che la risposta sia che lo Stato ripianerà solo i deficit da sottosviluppo. A leggere il testo della legge 42, che non prevede mai un meccanismo chiaro per impedire la perequazione ingiusta (da evasione), si direbbe invece esattamente il contrario: lo Stato finirà per assicurare a tutti gli amministratori locali le risorse di cui hanno bisogno, a prescindere dal fatto che i cittadini dei rispettivi territori paghino le tasse oppure no»[3]. La conseguenza paradossale è che, in base a questa logica, le speranze di chi crede nel federalismo da manifesto elettorale, quello che taglia gli sprechi e le inefficienze delle regioni del Sud, non solo non possa essere realizzato ma, assai peggio, ponga le basi per legittimare l'evasione fiscale e l'assistenzialismo spinto di uno Stato che, comunque vada, risana il debito. E anche se fosse applicato il costo standard, le regioni non virtuose potrebbero essere certe della garanzia di ricevere comunque fondi e finanziamenti per appianare ciò che il gettito reale non può sostenere.

Per sapere se le previsioni corrispondono alla realtà, sarà dirimente la modalità in cui sarà definito il costo standard. Nel caso in cui si adottasse come riferimento la Lombardia, allora lo Stato potrebbe risparmiare 6,4 miliardi di cui 1,5 destinato al Mezzogiorno. Tuttavia, nel caso in cui si assumesse che il modello dovesse essere la Toscana, la più spendacciona delle regioni considerate "virtuose", i costi per la sanità potrebbero aumentare di 650 milioni di euro. E chi ne trarrebbe beneficio? In questo caso, come una sorta di pena del contrappasso per la Lega, sarebbero proprio le regioni del Sud che, grazie alla perequazione statale, riceverebbero un ammontare di finanziamento pubblico superiore: «solo i governatori di Abruzzo e Molise dovrebbero tagliare qualcosina (870 milioni in tutto), mentre tutti gli altri ci guadagnerebbero: 20 milioni in più in Basilicata, 82 in Calabria, 173 in Campania, 174 in Sardegna, 268 in Sicilia, 274 in Puglia»[4]. Ma questi *dettagli* che la legge sul federalismo fiscale non ha ancora chiarito, non interessano ai colonnelli della Lega che, anche nella migliore delle ipotesi, non realizzeranno mai quel federalismo fiscale *tranchant* e risolutivo promesso da Bossi. Federalismo, allo stato attuale, significa più tasse. Che porti alla diminuzione degli sprechi, vista la forma italiana della legge 42, è ancora un sogno lontano, forse un'utopia. Oltre al possibile danno di un mancato federalismo si aggiunge la beffa di propinarlo come opzione arbitraria e risolutiva nel Paese sommerso dall'evasione fiscale e dal marcato sottosviluppo di alcune sue aree. A poco serve dunque la demagogia di plastica sbandierata da Mauro Manfredini, capogruppo regionale in Emilia Romagna, quando si domanda con quali denari possa essere pagato il trasporto e le cure per un uomo di 350 chili, di Palermo e agli arresti domiciliari, portato all'ospedale Sant'Agostino di Modena con un C130 dell'Aerenautica[5]. Nemmeno la sua utopia della sanità federalista, allo stato attuale, potrebbe dare una risposta soddisfacente ai suoi elettori.

Se da un lato si pone il nodo irrisolto – e allo stato attuale irrisolvibile – del federalismo fiscale in ambito sanitario, che si annuncia con grandi proclami teorici e ben poco realismo, dall'altro la Lega vanta una lunga tradizione nella strumentalizzazione della sanità per mettere con le spalle al muro immigrati e clandestini, con ripetuti tentativi di negare loro le cure o di vedere approvati per via legislativa provvedimenti deliberatamente discriminatori e anticostituzionali. I primi tentativi affondano le loro radici agli inizi degli anni Novanta, e provengono *comme d'habitude* dall'ardito e *pasionario* Mario Borghezio. La sua proposta consiste in un passaporto sanitario di cui dovrebbero essere muniti gli extracomunitari, una sorta di certificato in cui si mostri che non sono portatori, nemmeno "inconsapevoli", di lebbra, AIDS e tubercolosi. Borghezio cavalcava così l'allarme destato dall'ondata di ritorno del morbo di Hansen, che equivale alla lebbra, denunciato dal primario delle malattie infettive di Lecco, Anna Orani. Oltre al controllo del patentino sanitario, Borghezio e i colonnelli verdi si sono da sempre preoccupati di offrire una sanità di serie B a clandestini e immigrati senza regolare permesso di soggiorno, il che significa negare quanto l'articolo 32 della Costituzione prevede[6]. Per avvalorare la consistenza della propria posizione, la tendenza retorica è quella di associare gli immigrati a «delinquenti e stupratori». Borghezio infatti si scagliò senza mezze misure contro l'allora ministro della Sanità Rosy Bindi, che nel 1999 varò la riforma del Sistema sanitario nazionale. Bindi inviò una circolare in cui chiariva che gli immigrati senza permesso di soggiorno dovessero essere assistiti dalle strutture sanitarie pubbliche e private in caso di interventi di urgenza. Per Borghezio, visto che riguardava gli immigrati, la circolare risultò, come prevedibile, indigesta. Secondo lui Rosy Bindi aveva superato in demagogia ogni precedente provvedimento a favore degli immigrati clandestini, riconoscendo loro il diritto a ottenere, nelle strutture pubbliche e private, le prestazioni urgenti ed essenziali, anche continuative, per malattia, infortunio, gravidanza e maternità. La conclusione dunque, era che Roma faceva pagare il ticket ad anziani e pensionati, mentre concedeva assistenza gratuita e totale a spacciatori, prostitute, ladri, stupratori. L'analogia tra l'immigrato clandestino e il delinquente ordinario, per Borghezio consiste in una sovrapposizione lineare di due profili umani e sociali interscambiabili. Ignora volutamente che quell'immigrato clandestino sia la colf, l'aiutante o l'inquilino pagante necessari al buon tenore di vita dell'elettore padano. Ma le proposte sul patentino sanitario e l'attacco indiscriminato alle cure per chi non possiede i documenti non subiscono battute d'arresto nel corso degli anni, anzi. Risultano piuttosto funzionali al successo alle urne, certo che la semplificazione dei dati e della società offerta dalla Lega sia la ricetta per la svolta efficientista.

L'iniziativa leghista in materia sanitaria, che tuttavia in questi anni ha fatto maggiormente discutere e spaccato il centrodestra, è stato l'emendamento inserito e poi ritirato nel DDL sicurezza di Roberto Maroni, che prevedeva l'opzione dei "medici spia": il personale sanitario, infatti, avrebbe potuto agire, secondo i piani della Lega, come un uomo delle forze dell'ordine e procedere alla denuncia dello stato di clandestinità, oggi reato punibile con una sanzione amministrativa e l'espulsione. La rivolta contro la proposta della Lega è partita, oltre che dal mondo politico, anche dagli ospedali. I medici sono insorti contro la norma, altri operavano nei reparti con la scritta "Io non ti denuncio" e per volere dei governi regionali di Lazio, Puglia, Emilia Romagna, Sicilia e Lombardia erano stati affissi cartelli fino a sette lingue per rassicurare gli immigrati che in quelle strutture sanitarie non sarebbero stati denunciati. La norma proposta dalla Lega, in contrasto con quanto stabilito dal testo unico sull'immigrazione che vieta di denunciare i pazienti, aveva subito generato i primi effetti ben prima della discussione al Senato. Si era registrato infatti, da Milano a Bari, un notevole calo delle richieste di assistenza medica e richieste di cure da parte degli immigrati che oscillavano, secondo i dati forniti dalla CGIL, dal 10 al 20%, con una diminuzione preoccupante nei consultori femminili. E non è stato necessario che la norma dovesse convertirsi in legge per generare i primi risultati. Infatti, «le denunce sono state più veloci dell'entrata in vigore della legge: i primi di marzo, all'ospedale Fatebenefratelli di Napoli, Kante, venticinque anni, ivoriana in attesa del riconoscimento di asilo politico, è stata segnalata dopo aver dato alla luce un bimbo; un mese dopo, agli Spedali Riuniti di Brescia, Maccan Ba, trentadue anni, senegalese, è stato raggiunto da un ordine di espulsione dopo aver richiesto cure per un mal di denti; negli stessi giorni, al Santa Maria dei Battuti di Conegliano (Treviso), una nigeriana di vent'anni è stata registrata al pronto soccorso come "paziente ignota" e dimessa con un foglio di via»[7]. All'iniziativa del provvedimento leghista aveva reagito Alessandra Mussolini che, con il sostegno di Gianfranco Fini, aveva raccolto le firme di 101 parlamentari del Popolo della Libertà che si opponevano all'approvazione dei medici spia. Anche l'abrogazione di questa norma contenuta nel DDL sicurezza aveva tuttavia spaccato la maggioranza di centrodestra e proprio per questa ragione Roberto Cota, commentando le 101 firme, conferma che alcuni deputati gli avrebbero confessato di non essere nemmeno a conoscenza di quello che avevano firmato. L'emendamento inoltre, secondo l'europarlamentare Vittorio Agnoletto, metteva a rischio la salute di tutti: per paura di essere denunciati gli immigrati avrebbero potuto rifiutare di rivolgersi ai medici con il conseguente pericolo per tutti i cittadini italiani, che a loro insaputa potevano entrare in contatto con immigrati portatori di patologie infettive non diagnosticate. Le preoccupazioni di Agnoletto, eurodeputato del PRC, avevano anticipato le conseguenze già dimostrate dai numeri, che testimoniavano il calo delle affluenze di immigrati e clandestini per la richiesta di cura nelle strutture sanitarie, ben prima che la norma diventasse legge. Inoltre, ad aggiungersi alla pesante discussione sulla moralità, l'etica e la sintonia della norma con la tutela dei diritti dell'immigrato, si palesava anche il rischio di contagio o trasmissione di malattie rimaste all'oscuro. Il rischio dunque, sia per i cittadini della Repubblica sia per i clandestini, era evidente.

Se il federalismo e gli individui parassiti del sistema sanitario nazionale sono i punti cruciali delle iniziative in ambito sanitario, un altro fatto politicamente rilevante ha posto sotto una pessima luce le politiche leghiste, visto che la Regione Veneto, con il suo neoassessore alla Sanità Luca Coletto, si è resa protagonista di un preoccupante caso di eugenetica in salsa padana. Tutto iniziò con un articolo comparso sull'autorevole rivista scientifica «American Journal of Transplantation», firmato da due nefrologi dell'Università Cattolica di Roma Agostino Gemelli, Nicola Panocchia e Maurizio Bossola, e dallo psicologo Giacomo Vivanti, ricercatore presso il dipartimento di Psichiatria e Scienze del Comportamento del M.I.N.D. Institute di Sacramento[8]. Un articolo comparso per la prima volta online il 20 marzo 2010 e passato inosservato sulla stampa italiana per oltre due mesi, mentre dall'estero l'Italia degli ospedali e della Lega subiva le critiche del mondo accademico e medico. L'articolo denunciava le «Linee guida per la valutazione e l'assistenza psicologica in area donazione-trapianto», deliberate nell'allegato A dalla giunta veneta nel marzo 2009, quando era ancora presidente Giancarlo Galan del Popolo della Libertà, che introducevano il veto assoluto per i trapianti da effettuare a chi soffrisse di un grave ritardo mentale, a chi avesse tentato da poco un suicidio o pensasse di farlo («ideazione suicidaria attiva»). Tra le controindicazione relative, invece, figuravano disturbi di personalità e affettivi in atto, individui con quoziente intellettivo inferiore a settanta, tentativi di suicidio nel passato nonché «limitato supporto sociale e familiare». Criteri e valutazioni non giustificabili a livello scientifico. Inoltre, sia per il divieto assoluto che per i suggerimenti, i suicidi o coloro che in passato avevano tentato, erano una categoria da emarginare. Il problema dell'opportunità del trapianto è un argomento al centro del dibattito bioetico per determinare quali pazienti siano in grado di ricevere e sopportare le cure, da attuare in conformità con la Convenzione dell'uomo sui diritti delle persone con abilità, la quale stabilisce che «le persone con disabilità hanno il diritto di godere il più alto standard conseguibile in salute, senza discriminazioni sulla base della disabilità»[9]. Ma oltre al mancato rispetto della Convenzione, le discriminazioni delle linee guida non erano supportate nemmeno da alcuna prova scientifica. «Non c'è nessuna prova che giustifichi l'esclusione dal trapianto con disabilità intellettiva», hanno scritto i tre medici nell'articolo, «tanto più che il quoziente intellettivo, con cui si determina l'entità del ritardo mentale, non è uno strumento idoneo». La delibera della Regione Veneto era aberrante: un violento stralcio dei diritti dei disabili, la semplificazione, anche in questo caso per categorie, dei malati che hanno diritto o meno a godere di un trapianto di organi, svuotata della sensibilità umana e scientifica per valutare l'idoneità dei pazienti. È Nanni Costa, direttore del Centro nazionale trapianti a puntualizzare che «il trapianto è un dono così prezioso che chi riceve un organo deve essere in grado di fruirne i benefici e questo è l'unico discrimine da tenere in considerazione quando si decide l'inserimento di un paziente nella lista d'attesa»[10]. Dunque, per il medico responsabile, è importante valutare se il paziente possa accogliere o meno l'organo e affrontare, anche affiancato da un'assistenza adeguata, la terapia anti rigetto. Anche per Ignazio Marino, esponente del PD, l'esclusione del paziente proposta dal Veneto si poneva come criterio ideologico e non scientifico. Il noto medico sosteneva categorico la necessità di dovere eliminare quanto stabilito dall'allegato A che includeva casi e situazioni in cui si opera normalmente. «Quando ero negli Stati Uniti», aveva spiegato, «ho salvato la vita a molti giovani che avevano tentato il suicidio ingerendo una quantità di farmaci che provocano necrosi epatica, cioè la morte delle cellule del fegato. In questi casi il paziente va in coma irreversibile e muore poco dopo: l'unica soluzione è il trapianto di fegato, proprio quello che le linee guida della Regione Veneto vorrebbero negare con "recenti tentativi di suicidio"»[11]. E sui pazienti e tentati suicidi su cui era intervenuto ha aggiunto: «Tutti i pazienti che ho operato non hanno più tentato il suicidio: se la paura è quella di "sprecare" un organo, diciamo che i dati parlano chiaro»[12]. Per quanto riguarda i malati affetti da sindrome di Down, che rientra nella categoria del divieto assoluto, il quoziente intellettivo era soltanto un elemento da considerare per valutare la migliore modalità nella quale intervenire: «Ho ancora davanti agli occhi un paziente, maggiorenne, affetto da sindrome di Down: aveva paura di tutto [...]. Con l'aiuto degli psicologi e della madre siamo riusciti a operarlo e a salvarlo. Certo, sarebbe stato più facile scartarlo, dire "no grazie, lei è nella lista vietata". Ma è questo quello che deve fare un medico?»[13]. Travolto dalla gazzarra politica che inaugurava in pompa pagna il capitolo dell'eugenetica padana, l'assessore alla Sanità Luca Coletto continuava a sostenere quanto la polemica fosse una strumentalizzazione dell'opposizione. «Oramai è chiaro che quella del Partito Democratico è una vera e propria campagna ideologica perché, nel merito, non si spiega altrimenti il fatto che ci sia ancora qualcuno che si ostina a non vedere, non sentire e non capire che le linee guida del Veneto in materia di trapianti non discriminano assolutamente nessuno», si era affrettato a dichiarare, nel tentativo di negare un'evidenza lapalissiana. La discriminazione era ben presente e, nonostante il negazionismo rispetto a quanto fissato dal governo regionale, nella circolare applicativa, diramata il 3 giugno 2010, relativa alla delibera regionale sui trapianti, erano scomparse – guarda caso – proprio le «controindicazioni assolute» e si ribadiva la necessità dell'assistenza post trapianto, medica e psichica, che andava garantita al massimo livello. Un dietro front necessario dopo il vespaio di attacchi contro la nuova giunta che, impaurita, temeva che il polverone intorno al famigerato allegato A potesse «allontanare la gente "dal concetto di donazione come atto d'amore"»[14]. La tecnica del ribaltamento è l'escamotage preferito, appreso anche alla scuola di Silvio Berlusconi, che manipola le discriminazioni e le illegalità vergate di proprio pugno per rivoltarle indebitamente contro chi le ha denunciate. Varrebbe la pena domandarsi perché la formazione alleata del sedicente partito dell'amore, antiabortista, contraria alle sentenze su Eluana Englaro, purista del concepimento naturale contro la diagnosi preimpianto degli embrioni, strenua oppositrice della ricerca sulle staminali embrionali, in Veneto intendesse vietare in maniera assoluta e insindacabile i trapianti ai disabili misurati esclusivamente secondo un criterio numerico, scartando la complessità delle condizioni fisiche e psicologiche. Di paziente e di individuo.

Note

1 Vittorio Mapelli, *Equivoci da costi standard*, in «lavoce.info», 28 novembre 2008.

2 *Ibidem.*

3 Luca Ricolfi, *Illusioni italiche. Capire il Paese in cui viviamo senza dare retta ai luoghi comuni*, Mondadori, Milano 2010, p. 120.

[4] Ivi, p. 117.

[5] *Obeso palermitano ricoverato a Modena. La Lega: «Chi pagherà la degenza?»*, in «livesicilia.it», 17 agosto 2010.

[6] Articolo 32 della Costituzione: «La Repubblica tutela la salute come fondamentale diritto dell'individuo e interesse della collettività, e garantisce cure gratuite agli indigenti. Nessuno può essere obbligato a un determinato trattamento sanitario se non per disposizione di legge. La legge non può in nessun caso violare i limiti imposti dal rispetto della persona umana».

[7] Alessandra Mangiarotti - Simona Ravizza, *I medici che non vogliono denunciare i clandestini*, in «corriere.it», 22 aprile 2009.

[8] Nicola Panocchia - Maurizio Bossola, - Giacomo Vivanti, *Transplantation and Mental Retardation: What Is the Meaning of a Discrimination?*, in «American Journal of Transplantation», aprile 2010, pp. 727-730.

[9] *Ibidem.*

[10] *Trapianti, in Veneto no ai ritardati. Articolo* USA *scatena la polemica*, in «ilgiornaledivicenza.it», 29 maggio 2010.

[11] Luca Landò, *Con quelle regole non avrei salvato molte giovani vite*, in «l'Unità», 8 giugno 2010.

[12] *Ibidem.*

[13] *Ibidem.*

[14] Maria Zegarelli, *Veneto, no ai trapianti per gli handicap gravi*, in «l'Unità», 8 giugno 2010.

Credieuronord e banche

> Come diciamo noi da tempo, le banche devono essere l'ossigeno finanziario per le imprese. Più sono vicine al territorio dove le imprese operano e producono, più sono efficaci e maggiori sono i risultati che ottengono.
>
> LUCA ZAIA

Sin dalla fine degli anni Ottanta, il movimento cresce e conquista seggi in Europa e in Parlamento. I meccanismi del potere finanziario affascinano la Lega di Umberto Bossi e creano aspettative espansionistiche. Aumentano i voti, la visibilità e l'impatto del partito sui media nazionali e nelle amministrazioni locali. Non sarà secessione, ma la Padania come Stato ideale, nella mente e nelle parole dei militanti, esiste eccome. I confini si adattano all'attecchimento dei valori sul territorio e alla raccolta di preferenze delle varie tornate elettorali. E per lo Stato verde, a cui le istituzioni di Roma ladrona stanno strette e per cui l'Europa è un *medium* per esaltare l'autodeterminazione dei popoli, anche il denaro diviene elemento di interesse pubblico per il partito.

Per Bossi e i suoi, insomma, la finanza vuole la sua parte. Il sogno che prende forma dalle idee era quello di creare una grande banca del Nord, un centro che raccogliesse i risparmi e gli sforzi dei padani, che fosse il collettore della ricchezza derivante dalle attività produttive della piccola e media impresa fino ai singoli risparmiatori per scaldare i cuori del movimento dalle urne allo sportello. Creare una banca: l'idea non pecca di originalità e, nonostante le promesse, accantona definitivamente l'idea di purezza della battaglia padana tanto cara a Bossi.

L'idea nata in seno ai partiti, di appropriarsi di un istituto di credito, vantava già un precedente illustre a sinistra. Ricordiamo dalle intercettazioni la gioia del tandem Piero Fassino e Massimo D'Alema che, grazie alla complicità del re delle COOP rosse e amministratore delegato di UNIPOL Giovanni Consorte, si rallegrarono di avere conquistato una banca. Tuttavia i segnali di vittoria si tradussero in materiale giudiziario scottante a dimostrazione che la promiscua commistione tra politica e finanza non possa portare a risultati apprezzabili. Come scrisse Luigi Einaudi, infatti, «in una banca di partito, sia cattolica o socialista o fascista, la difficoltà di trovare i propri governanti cresce oltre misura in confronto alle banche senza aggettivi, per la necessità in cui essi si trovano di non dimenticare l'aggettivo ingombrante che parrebbe condizionare l'attività del loro istituto»[1]. L'attributo da isolare era "politico". L'esatto contrario di quanto fecero i DS e il Carroccio. Con l'ambizione di contrastare l'alta finanza e le concentrazioni bancarie del Nord, la Lega si trasforma in un ingranaggio marcio del sistema che tanto contesta.

Proprio quella stessa Lega che condannava i finanzieri, il potere centralizzato della Banca d'Italia, il maltrattamento dei risparmiatori ingannati dai crac Cirio e Parmalat, che hanno prosciugato risparmi di una vita, conosce l'ambizione dell'alta finanza e dell'investimento bancario. L'ambizione si traduce in realtà il 25 novembre 2000 quando, con il placet della Banca d'Italia e del suo governatore Antonio Fazio, nasce la Credieuronord. Alla luce delle sue vicissitudini verrà poi da chiedersi, parafrasando Brecht, se sia più criminale fondare o rapinare una banca visto che i risparmi dei soci sono andati in fumo.

Ridimensionare il potere dei grandi colossi bancari mettendosi sul mercato, giocando ad armi pari insieme ai competitor, avvalendosi di qualche mazzetta e dei favori di Antonio Fazio che rincorre, come la Lega, il mito dell'italianità delle banche. Nella convinzione che chi fa politica possa divenire il nuovo astro della finanza, posizione che verrà evidentemente smentita dai fatti. Nel nome si cela la beffa: avrebbe dovuto chiamarsi Credito del Nord, ma per l'assonanza con una banca francese che aveva già minacciato di ricorrere a vie legali, Bossi dovette infilare con dispiacere la parola "euro" nel suo nome, proprio quella parola tanto odiata che rimanda all'elemento chiave che fece andare in fumo il progetto di secessione. Fazio, il governatore cattolicissimo vicino all'Opus Dei, che in seguito si rivelerà il deus ex machina dei tentativi di salvataggio in extremis, spiegava: «Le impostazioni federalistiche che incentivano la capacità e la responsabilità costituiscono un efficace controllo della rappresentanza democratica, ma si debbono coniugare con la solidarietà in nome della coesione nazionale»[2]. Diretta da Giancarlo Conti, la banca era presieduta da Francesco Arcucci, consigliere di Banca Intesa, professore di Economia a Bergamo ed editorialista de «La Padania», e dal suo vice Gianmaria Galimberti, ed era nata con un capitale sociale di venti miliardi di lire che puntava a toccare i trentacinque. Bossi e i suoi erano convinti del successo dell'impresa che avrebbe messo al centro il risparmiatore e le attività produttive padane. A partire dalla nascita del comitato promotore il 28 ottobre 1998, erano stati raccolti 2500 soci nelle sezioni di Lombardia, Veneto e Piemonte e aperto il primo sportello in una vecchia sede dismessa della Cariplo in via Galilei a Milano. Nonostante il suo presidente cercasse di puntare maggiormente sull'idea chiave di una nuova banca del Nord, tralasciando per questioni di immagine il legame con il partito, bastava identificare le cellule del corpo che la componevano. Infatti «il comitato promotore e il Consiglio di Amministrazione di Credieuronord appaiono poi come una sorta di nomenklatura leghista, meglio se dotata di qualche esperienza di economia. Si parte dal tesoriere del partito Maurizio Balocchi, che è uno dei cinque membri del consiglio di amministrazione della banca. Tra gli amministratori compare anche Virgilio Carnevali, già responsabile delle farmacie comunali di Monza, nonché dirigente della Consulta economica della Lega. E se si scorre l'elenco dei dieci componenti del comitato promotore si scoprono altri leghisti più o meno autorevoli. Come il bergamasco Antonio Baleri, [...] poi l'ex sindaco di Monza, il medico

Marino Mariani, il consigliere comunale milanese Guido Tronconi (ovviamente di fede leghista), il varesino Cesare Bossetti, militante della prima ora e poi Franco Bossi, che non è proprio un personaggio qualunque visto che, oltre a presiedere la squadra ciclistica A.S. Padana, è anche il fratello del leader Umberto»[3].

Un istituto di credito che, nonostante le statistiche di allora della Banca d'Italia vedessero il 70% delle banche fallire dopo solo due anni, partiva con l'intenzione dichiarata e guerrafondaia di fagocitare un sistema consolidato e potente.

Nel 2005, quando la vicenda Credieuronord era già caduta sotto il peso delle sue passività, Arcucci descrive Galimberti come un aspirante banchiere molto intraprendente, animato da idealizzate mire espansionistiche ben lontane dai possibili obiettivi reali. Scrive infatti di lui: «Galimberti sembrava morso dal ragno della smania. A Pontida, a Venezia, nelle assemblee dei soci lui solo prendeva la parola dicendo: "Cresceremo tanto da far male alle altre banche", come il topolino che ha deciso di strangolare l'elefante. Ma era quando tornava in banca che dava il meglio di sé. Non voleva presidente (che allora era chi scrive, poi autosospesosi) o consiglieri fra i piedi. Lui era la banca, il padre padrone. Disponeva dei soci, delle strutture, di una segreteria megagalattica e del personale, specie femminile. Un padre padrone, quasi un proprietario della banca. E, quando riceveva delle telefonate dall'alto, il suo comportamento era quello per cui la struttura dell'ufficio fidi veniva da lui scavalcata. "Non accetto dei pareri negativi", diceva, quasi anticipando quanto si è letto nel tormentone estivo delle intercettazioni ben note. Il parere che contava era solo quello del padre padrone, il quale, poi, in Consiglio di Amministrazione si presentava con garanzie, fideiussioni, assegni di clienti (a cui voleva dare dei prestiti) poi rivelatisi carta»[4].

La Lega cercava di raggranellare sottoscrizioni in ogni occasione: per le politiche invia a casa dei soci lettere con indicazioni di voto, a Pontida e negli altri raduni di partito non mancano riferimenti e moduli da compilare per alimentare le casse di Credieuronord. Ma sono bastati soltanto pochi mesi per osservare la pessima gestione finanziaria che non ha certo corrisposto all'entusiasmo degli esordi di poco prima e nel 2001 il buco è già di 818.000 euro. Già dai primi bilanci infatti, risultava chiaro che la Lega avesse bisogno di banchieri e non di politici alla guida di un istituto di credito. La logica del *padre padrone* di Galimberti aveva fatto precipitare il principio di una gestione oculata e stabile, nell'indifferenza della parte politica che aveva fortemente voluto quella banca.

I dilettanti della finanza, come infatti si sono rivelati i dirigenti dell'aspirante banca del Nord, non sono nemmeno riusciti a garantire il rimborso ai propri risparmiatori. L'idea di Arcucci, presidente che ben presto lascerà il suo incarico in eredità al vice tanto criticato, si spingeva oltre l'aggettivo che già Einaudi aveva suggerito di evitare: «Non siamo l'istituto della Lega, ma lo abbiamo costituito raccogliendo capitali attorno a una categoria di valori, quelli di tanti azionisti del Milanese, Varesotto, Bergamasco e Veneto, e al progetto di coniugare la buona tecnica creditizia alle esigenze di famiglie e piccole imprese, con lo spirito solidaristico e localistico della banca cooperativa»[5].

Il rosso del primo bilancio, giustificato anche dalla fase di avviamento della banca, è il primo inequivocabile campanello d'allarme di una chiusura imminente e gli anni successivi si susseguono tra buchi e tentativi di risanamento falliti. Infatti il 2002 si conclude con «conti che fanno scattare un primo allarme: su 28 milioni di finanziamenti (quasi un terzo dei quali concesso a soli due soggetti, indicati fra i "grandi rischi") le sofferenze sono già a quota 4,6% e i crediti al 12%. Le perdite salgono a 260 milioni»[6]. Nonostante i dati di bilancio denotassero il crollo a picco dell'iniziativa finanziaria, il partito pensa bene di aggiungere altri due sportelli oltre a quello milanese di via Galilei, uno a Treviso e l'altro a Erbusco, in provincia di Brescia.

L'apertura delle nuove filiali non coincide però con la fase di risanamento finanziario alla quale si punta con la sostituzione dei vertici. Dopo i richiami e le ispezioni della Banca d'Italia, Francesco Arcucci e Giancarlo Conti nel 2003 escono di scena e con la nomina a presidente di Galimberti entra pure Pier Franco Filippi, anche lui operatore nel mondo delle cooperative, e il vivace Stefano Stefani, amministratore delegato de «La Padania», assurto agli onori delle cronache per essersi dimesso da sottosegretario al Turismo dopo avere insultato il popolo tedesco che, secondo l'ex eurodeputato, infestava le nostre spiagge e per il quale erano necessari veri e propri test di intelligenza[7]. Il Carroccio, a fronte della deplorevole figura sul piano internazionale, ne chiede le dimissioni e rientra a pieno titolo tra i papaveri diventando vicepresidente esecutivo. L'ultimo step di questa fase della dirigenza sarà l'epurazione anche di Galimberti, sostituito da Sergio Bortolani, bancario di esperienza trentennale fresco di nomina in BPM come vicedirettore generale crediti. Un turn over che costituisce un tentativo in extremis di risanamento.

I nodi vengono al pettine e il quadro è disastroso: il bilancio del 2003 si chiude con otto milioni di euro di rosso oltre a dodici milioni di sofferenze per quarantasette di impieghi. La Caporetto della Credieuronord si è consumata e l'ultimo asso nella manica è chiedere ai parlamentari leghisti di alleggerire il proprio portafoglio per tentare di appianare i debiti. Nemmeno la vendita dei cinquecento metri quadri del Palazzo di San Donà a Venezia di proprietà del Carroccio riesce a rimpinguare le finanze. Il salvagente, insomma, deve arrivare dall'esterno. Le forze delle Camicie Verdi hanno clamorosamente fallito l'impresa della banca, uno smacco irreversibile quello che ha condotto per mano il Carroccio al declino del tentativo di presa del Nord, naufragato a causa di una negligenza e di un dilettantismo che il partito aveva sempre denunciato o in altri partiti o nelle minoranze che rientrano nel manuale d'attacco politico leghista.

Se la situazione è grave e pure seria, l'ultimo baluardo di speranza è rappresentato da Gianpiero Fiorani, amministratore delegato della Banca Popolare di Lodi con cui la Credieuronord si accorda per un'acquisizione da due milioni di euro in due fasi della banca padana. L'unico modo, insomma, per scongiurare il fallimento. Fiorani vantava un'amicizia speciale con il governatore della Banca d'Italia Antonio Fazio, lo stesso che lo favorì nella scalata ad Antonveneta a svantaggio della olandese ABN-AMRO e in nome dell'italianità delle banche. La garanzia *ad personam* della scalata autarchica di Fazio inserirà a pieno titolo Fiorani nel vortice di uno scandalo destinato a travolgerlo. Fino ad allora però, Fazio, ultimo presidente con incarico a vita, non era certo visto di buon occhio dai leghisti che in nome della difesa dei risparmiatori lo additavano come uno tra i principali responsabili dello scandalo Cirio e Parmalat. In entrambi i casi gli italiani, specie piccoli investitori, lì avevano impiegato i risparmi di una vita, certi della fiducia instillata dagli istituti di credito. Prima Fazio era complice del sistema corrotto a favore della dittatura della finanza poi, come ponte con Fiorani per l'operazione di salvataggio della banca leghista, diventerà l'uomo da difendere sino alla fine. Il cambio di opinione repentina della Lega nei suoi confronti non passa inosservato. Probabilmente, secondo Andrea Annunziata, responsabile Diritti dei Consumatori della Margherita, a seguito dell'incontro privato tra Roberto Maroni, allora ministro del Welfare, e il furbetto del quartierino Stefano Ricucci, il ministro Maroni si era avventurato sulla via di Damasco, visto che fino a pochi mesi prima i suoi compagni di partito erano *tranchant* su Bankitalia. Ma con il salvataggio della Credieuronord tutto è cambiato.

Il voltafaccia della Lega è lampante e pur di realizzare il sogno della grande banca del Nord preferisce compromettere inequivocabilmente la difesa dei risparmiatori. Le critiche arrivano anche dall'interno del partito e non soltanto dagli avversari politici o dalle associazioni dei consumatori. Anni dopo anche Alessandro Cè, ex capogruppo alla Camera della Lega ed ex assessore alla Sanità della Regione Lombardia del terzo mandato di Roberto Formigoni, dichiarerà: «Sa, io ci credevo nella Lega. E ho sempre fatto nelle istituzioni quello che dicevamo nelle piazze. Nel 2005 ero capogruppo alla Camera e ho fatto votare i nostri contro il governatore di Bankitalia Antonio Fazio, che la Lega attaccava nelle piazze come il nemico dei risparmiatori, come quello che aveva coperto i crac Cirio e Parmalat. Non mi ero accorto che invece l'aria era cambiata: Fazio aveva incaricato il banchiere Gianpiero Fiorani di salvare la banca della Lega, Credieuronord, ed era così diventato grande amico del Carroccio. Ma io sono andato avanti, mi sono rifiutato di passare dalla parte dei risparmiatori a quella dei malfattori. Nelle intercettazioni telefoniche dei furbetti del quartierino ce n'è una che dice: "Fermatemi questo Cè. È Fiorani a chiederlo"»[8].

Anche le voci dissidenti interne al Carroccio vengono zittite nell'opera del salvataggio della Credieuronord. L'arrivo di Fiorani fornisce infatti nuova linfa all'obiettivo ideale della Lega di dare vita alla banca di riferimento per il Nord, cuore pulsante della Padania. Quindi, la difesa a spada tratta della Lega e la conversione paolina nei confronti di Fazio sono riconducibili alla vicenda della banca del Nord o si prestano a interpretazioni diverse? Se il deputato Giancarlo Pagliarini dubita ancora che la riscoperta dell'amicizia con il presidente di Bankitalia non sia frutto dell'accordo con Fiorani e crede che il condottiero della BPL abbia fatto un ottimo affare a rilevare la Credieuronord, Maroni sparigliа le carte e dissipa i dubbi in un'intervista a «La Padania», in cui afferma chiaramente che «l'obiettivo è quello di creare un sistema bancario fortemente concentrato in Padania, che per la sua natura di banca popolare è uno strumento indispensabile per il sostegno alla piccola e media industria, non solo alla grande industria»[9]. E che la lealtà verso i risparmiatori sia la controparte del baratto, fa parte del gioco.

La difesa di Fazio non sortisce però l'effetto sperato. Il sogno infatti dura poco: a seguito della pubblicazione delle intercettazioni il 13 dicembre 2005 scattano le manette per il numero uno di BPI e il 19 il direttore di Bankitalia è costretto alle dimissioni. L'*affaire* Credieuronord è ormai perso visto che il primo passo per l'acquisizione era stato fissato per il 31 dello stesso mese, pena problemi giudiziari che si sono puntualmente presentati. Saltano l'acquisizione della banca e le speranze dei dirigenti leghisti. L'immagine del partito a seguito degli arresti eccellenti subisce uno smacco da cui la Lega faticherà a difendersi, quando Fiorani dichiara di avere consegnato in maniera disinvolta, e con l'appoggio di Fazio, tangenti a Roberto Calderoli e all'uomo cerniera del Carroccio, Aldo Brancher, per ingraziarsi il partito. Al fallimento compiuto dell'ipotesi di salvataggio si aggiunge, non ultima, la disperazione dei risparmiatori, visto che il valore delle loro azioni era precipitato dalle cinquantamila lire iniziali ai quattro euro. Calderoli invita parlamentari europei e deputati all'autotassazione per tentare di ripagare i risparmiatori a fronte di un passivo che all'assemblea dei soci dell'11 novembre aveva già accumulato oltre dieci milioni di euro. Anche la giustizia ordinaria si pronuncia per attribuire le responsabilità e il 19 dicembre 2006 condanna in primo grado al risarcimento di tre milioni di euro il secondo presidente Gianmaria Galimberti, Giancarlo Conti e Pier Franco Filippi per *mala gestio* dell'istituto bancario, ben sapendo che non avrebbero disposto di quella liquidità. Escono invece indenni i responsabili politici dell'operazione Giorgetti, Balocchi e Stefani. Prima della sentenza di primo grado, Francesco Arcucci, presidente della Credieuronord, sparò a zero sul fallimento dell'operazione – anche se la banca, in realtà, non è mai fallita – «perché quattro o cinque clienti affidati si sono guardati bene dal restituire i milioni di euro concessi in prestito su iniziativa imperiosa del padre padrone (e non si sa bene se siano stati denunciati, poiché molto ammanicati con la Casa delle Libertà, vedi l'ex calciatore Franco Baresi)»[10]. Il riferimento è a

Maura Lari, moglie dell'ex calciatore del Milan, per la quale era stata aperta una consistente linea di credito. Anche sull'imperativo della conservazione dell'italianità *tout court*, accantonati gli strali contro Roma ladrona e la corruzione dei palazzi, la Lega non si è fatta scrupolo di mettersi nelle mani di palazzinari romani o furbetti di Zagarolo e infilarsi in un sistema dove il "doppiopesismo" nei confronti di Antonio Fazio era il passo iniziale per tentate di entrare nel gotha bancario del Nord produttivo, tra Mediobanca e Unicredit.

Dietro alla Credieuronord si nascondono anche gli allevatori padani che combattono per le quote latte: il salvataggio della Banca servì infatti per non lasciare traccia delle «intermediazioni fittizie con le cooperative di allevatori create per nascondere la truffa delle quote latte non pagate»[11]. Infatti, la difesa degli allevatori che sforano il limite delle quote latte si inserisce all'interno del ricatto del *do ut des* dopo il tracollo della Credieuronord. Le voci del Carroccio a difesa dei COBAS sono infatti «la restituzione di antichi favori e il risarcimento per mancate promesse quando nelle campagne padane il popolo delle stalle affidava i suoi risparmi alla Credieuronord fidandosi della sponsorizzazione del Senatùr»[12]. Nel patto con Fiorani si sarebbero dissolti gli imbarazzi e gli affari sporchi della Lega, ricattata dagli eccessi delle quote, che nella difesa dei suoi allevatori, certificava la distanza dai trentanovemila agricoltori che avevano invece agito nel rispetto della legalità. E visto che nulla si crea e nulla si distrugge, all'epoca dell'accordo, «sedeva nel Consiglio di Amministrazione di Antoneventa il fratello di quell'Antonio Azzolini relatore del recente emendamento con cui è stato rinviato ancora una volta il pagamento delle multe agli allevatori vicini a Bossi»[13].

Un altro punto oscuro della vicenda del tentato salvataggio di Credieuronord sta nelle presunte tangenti che Fiorani avrebbe consegnato a eminenti esponenti leghisti per ingraziarsi il partito. Questo elemento fu ribadito anche da Antonio Fazio nel corso delle sue deposizioni in tribunale. I due nomi erano proprio quelli di Roberto Calderoli e Aldo Brancher, l'uomo che appianava i dissidi e assestava le smagliature tra Silvio Berlusconi e il partito di Bossi, ministro lampo per l'attuazione del federalismo nell'ultima legislatura. Brancher è stato poi condannato a due anni, grazie al rito abbreviato che prevede in caso di condanna lo sconto della pena di un terzo, e al pagamento di quattromila euro di multa per la scalata di Antonveneta. La Lega, assai restia ad accettare la sua nomina a ministro, come ha fatto chiaramente intendere Umberto Bossi dal palco di Pontida, non ha comunque dimenticato il suo ruolo di mediatore nel tentativo di salvare la Credieuronord.

Ma anche la benevolenza ha un suo prezzo. Infatti, «Fiorani raccontò di una dazione di duecentomila euro consegnata da un suo collaboratore degli uffici della BPI a Lodi a Brancher, da dividere con Calderoli, che aspettava nell'altra stanza e che si sarebbe mostrato "entusiasta" quando "l'amico Aldo" arrivò con la busta»[14]. Anche per Giancarlo Giorgetti era pronta una busta da centomila euro che Gianpiero Fiorani gli avrebbe direttamente portato a Montecitorio in nome del sostegno fornito a Fazio. Giorgetti rifiutò e il nome di Calderoli, grazie alle successive dichiarazioni di Fiorani e alle dichiarazioni di estraneità del ministro, è stato definitivamente archiviato nel febbraio 2010.

I risparmiatori, intanto, aspettano il risarcimento a fronte della messa in liquidazione della banca, mentre i condannati a pagare i tre milioni di euro tirano un sospiro di sollievo. Infatti nell'aprile 2010 la Procura di Milano ha deciso di archiviare l'inchiesta per appropriazione indebita e truffa contro gli amministratori della banca. Amara la conclusione del gruppo dei risparmiatori truffati e in attesa di risarcimento riuniti nel "Comitato amici della Credieuronord", capitanato da uno dei promotori,

Corinna Zanon che nel 2008 spiegava: «Ora le azioni in mano ai soci sono scese da 25 euro a 0,98. La nostra disavventura è stata per certi versi paragonabile a quella dei soci della COOP "rossa" di Argenta, che subì un crac nel 2002. In quel caso però i DS si impegnarono in qualche modo ad aiutare i risparmiatori della COOP "sorella", e lo fecero rimborsando fino a ora il 32% delle quote. Cosa che non ha soddisfatto, giustamente, gli investitori di Argenta che ancora aspettano il resto. Nel nostro caso mi piacerebbe che, se anche la Lega cominciasse dopo i DS, dimostri più sensibilità e sia più veloce di loro. Ci sono persone che hanno investito i risparmi di una vita, e non meritano di pagare così duramente per il fatto di avere creduto nel sogno di una banca leghista»[15].

Loro hanno creduto nel sogno di una banca, i leghisti hanno invece tradito i risparmiatori in nome della difesa di Antonio Fazio, quando si era palesata la possibilità di acquisizione da parte di Gianpiero Fiorani. Le brutte esperienze insegnano ma nonostante il dilettantismo nell'operazione Credieuronord, i leghisti puntano ancora gli occhi sul grande Nord per cercare di fare rete e competere con le grandi banche *padane*. Oggi, infatti, l'obiettivo sono le fondazioni bancarie.

Già alla vigilia delle elezioni regionali 2010 infatti, i candidati leghisti alle Regioni Piemonte e Veneto, Roberto Cota e Luca Zaia, avrebbero potuto portare a casa risultati strabilianti e chiedere il conto per scalare le fondazioni bancarie socie di Intesa San Paolo e Unicredit. Bossi, che in quelle settimane sventolava la promessa di "conquistare le banche del Nord", voleva affilare le armi in vista del successo elettorale dove, forte dei voti e del consenso popolare ricevuto, la Lega avrebbe potuto rivendicare nomine per influenzare i centri di potere delle grandi banche e arrivare poi al cuore delle imprese di Stato. In Italia il potere delle banche, infatti, si dipana in una rete di una novantina di fondazioni di cui il 70 % si trova al Nord, nelle regioni di cui la Lega ha conquistato i palazzi. I soci delle banche e fiori all'occhiello della galassia sono Cariplo, Compagnia San Paolo, Fondazione Cassa di Risparmio di Verona, Vicenza, Belluno e Ancona, Cassamarca di Treviso per spingersi più a sud, fino a quella di Mirandola.

L'asse delle maggiori fondazioni corre proprio tra Torino e Verona. Infatti la Compagnia di San Paolo è il primo socio della Banca Intesa, mentre la Cariverona è il corrispettivo di Unicredit. I consiglieri delle fondazioni sono nominati dagli amministratori e, se guardiamo ad esempio al caso di Verona, «ventidue consiglieri sono nominati da amministratori locali quasi sempre leghisti: quattro li nomina il sindaco di Verona Flavio Tosi, già condannato per incitamento all'odio razziale, altri quattro sono designati da sindaci e presidenti di provincia bossiani, altri ancora dalle Camere di Commercio. E così via, fino a condizionare le scelte a cascata. Nel Veneto resiste ancora la piccola *enclave* della fondazione Cassamarca di Treviso, governata da tempo immemorabile dall'ottantenne democristiano Dino De Poli, uno degli ultimi residui della finanza bianca. Ma anche lui, che ha diritto di dire la sua su Unicredit, deve fare i conti con il sindaco leghista Gian Paolo Gobbo e il suo vice Giancarlo Gentilini, venerate icone leghiste»[16].

Con il benestare di Tremonti, la conquista del territorio – prima con le elezioni e poi con le nomine che spettano di diritto agli amministratori locali nelle fondazioni bancarie – la Lega si prepara a pieno titolo a diventare un *player* determinante nello sviluppo della finanza del Nord, che con la fine del berlusconismo e l'avanzata del Carroccio rosicchia avidamente poltrone e nomine a ciò che rimane della finanza democristiana.

Le fondazioni, a partire dalla legge delega 218 del 1990, ovvero la Ciampi-Amato, che le ha configurate come holding pubbliche, hanno consolidato il loro potere sul territorio e attraverso di loro vengono investite somme importanti senza le quali «non è possibile realizzare biblioteche pubbliche, trasformare caserme fatiscenti in campus universitari, salvare chiese e monumenti in rovina, dare assistenza agli anziani, sostenere e ospedali e istituti di ricerca, finanziare enti lirici»[17].

Ma al di là della nomina dei consiglieri espressi dal Comune e dalle rispettive Camere di Commercio, come è possibile che Bossi e i suoi possano essere stati così entusiasti nell'annunciare l'obiettivo della conquista delle banche del Nord? Non è forse consolidato e immutabile il sistema di cooptazione deciso dai banchieri? No, perché le cose sono cambiate. A ideare il grimaldello che consentirà alla Lega di sfondare anche nei consigli delle fondazioni bancarie ha pensato il fedelissimo Giulio Tremonti, oggi ministro dell'Economia, consacrato uomo del federalismo da parte della Lega. Nella manovra correttiva di maggio 2010 che porta la sua firma, si nasconde infatti un tecnicismo che ribalta il ruolo di diaframma tra politica e società civile a cui dovrebbero servire *in primis* le fondazioni bancarie. Nel mirino ci sono gli enti che controllano le banche sul territorio nazionale. «L'articolo del decreto, un capolavoro di machiavellismo, afferma che "finché non sarà istituita, l'authority di controllo per le fondazioni bancarie, è attribuita al ministero dell'Economia, indipendentemente dalla circostanza che esse controllino, direttamente o indirettamente società bancarie, o partecipino al controllo di esse tramite patti di sindacato o accordi in qualunque forma stipulati». E anche quelle che «detengono partecipazioni di controllo, diretto o indiretto in società bancarie» continueranno a essere vigilate dal tesoro "anche dopo l'istituzione dell'autorità"»[18]. Questo significa che soltanto il ministero dell'Economia, anche dopo la creazione dell'authority, sarà l'unico a decidere come spartire la torta tra le fondazioni bancarie nate dalla legge delega Ciampi-Amato. Tremonti deciderà dal ministero e a nord, dove la Lega ha appena conquistato due presidenti nelle regioni in cui hanno sede i principali azionisti di Unicredit e Banca Intesa, gli amministratori faranno sentire la loro voce. Se l'impresa di Credieuronord è fallita per dilettantismo, l'entrata nelle fondazioni bancarie darà una seconda importante chance al Carroccio per l'assalto finanziario del Nord. Che è già iniziato con la cacciata di Alessandro Profumo, ex amministratore delegato di Unicredit. Malvisto dalla Lega per aver concesso l'aumento delle quote dei libici all'interno della banca, è stato salutato con un brindisi dal Carroccio. Insomma, no all'invasione straniera e alla scalata Nordafricana di Unicredit. Più la banca è *local* e meglio è.

Note

[1] Luigi Einaudi, *Banche con aggettivi*, in «Corriere della Sera», 23 agosto 1924.

[2] *Sì di Bankitalia, nasce la banca della Lega*, in «la Repubblica», 26 novembre 2000.

[3] «Corriereconomia», 8 gennaio 2001, in David Parenzo, Davide Romano, *Romanzo padano*, Sperling & Kupfer, Milano 2008, p. 243.

[4] Francesco Arcucci, *Perché fallì Credieuronord*, in «Il Sole 24 ore», 26 agosto 2005.

[5] *Dalla Popolare di Milano arriva Bortolani*, in «Corriere della Sera», 1 aprile 2004.

[6] *Ibidem.*

[7] *Tedeschi, biondi stereotipati ubriachi di tronfie certezze*, in «la Repubblica», 4 luglio 2003.

[8] Gianni Barbacetto, *Il voltafaccia della Lega*, in «Il Fatto quotidiano», 5 maggio 2010.

[9] «La Padania», 12 agosto 2005.

[10] Francesco Arcucci, *op. cit.*

[11] Paolo Griseri, *Ecco le truffe per non pagare le quote latte. I PM: "Così la banca della Lega le copriva"*, in «parma.repubblica.it», 27 luglio 2010.

[12] *Ibidem.*

[13] Giuseppe Oddo, *Lega, gli allevatori ricorrevano alla banca Credieuronord per non pagare le multe sulle quote latte*, in «ilsole24ore.com», 30 luglio 2010.

[14] Andrea Carugati, *Salvò dal fallimento la banca della Lega. Ma la base è stufa*, in «l'Unità», 26 giugno 2010.

[15] *David Parenzo, Davide Romano*, in *cit.*, p. 246-247.

[16] Alberto Statera, *Perché la Lega vuole le banche*, in «la Repubblica», 25 marzo 2010.

[17] Ferruccio Pinotti, *L'asse lega-CL: occupare tutto!*, in «Micromega», 5/2010, p. 72.

[18] Ivi, p. 73.

PARTE TERZA

Diritti negati: contro le minoranze

Immigrati

> Io gli immigrati li schederei a uno a uno, perché portano ogni tipo di malattia: TBC, AIDS, scabbia, epatite. Voglio la pulizia etnica dei bambini zingari.
>
> GIANCARLO GENTILINI

Se per l'Europa sono le dichiarazioni della destra xenofoba di Geert Wilders a sfiorare il climax della provocazione brandendo il "fascismo islamico", la Lega Nord abbatte tutti i muri di rispetto politico: sin dai suoi inizi, infatti, si impegna a fornire il vocabolario più ardito e xenofobo per spiegare l'immigrazione, l'avversione per musulmani, rom, colf e badanti fino ad arrivare gli immigrati regolari. Contro tutto quello che, come dice bene Mario Borghezio, rappresenta la «Padania bianca e cristiana». La deriva populista dell'Italia della Seconda Repubblica che nell'«esaltazione del pan-partecipazionismo» invoca «la rimozione di ogni barriera che si interponga tra la volontà dei cittadini e la sua messa in atto»[1], viene portata in palmo di mano dal Carroccio, esperto nella realizzazione dialettica di razzismo e populismo sfrenati. La strategia delle incursioni verbali, da crociati contro il diverso, è supportata anche dalla paura che serpeggia tra gli italiani, legata all'aumento dei reati commessi dagli immigrati. Le cifre non possono offrire alcuna consolazione e ridimensionare il timore panico dell'invasione dall'esterno. Le sensazioni, gli umori più profondi e la difesa del proprio orticello rispondono alla logica del «tempo che fa». Infatti, «oggi c'è meno caldo di ieri, ma quello che conta è l'umidità che abbiamo addosso, il combinato disposto tra i gradi centigradi e la sensazione di afa opprimente. La temperatura percepita. Così per la società: non conta solo la sicurezza ma anche la sensazione di pericolo. Non solo il crimine, ma la paura»[2]. La Lega delle invettive di Gianfranco Miglio, Mario Borghezio, Gian Paolo Gobbo,

Giancarlo Gentilini e Matteo Salvini colpisce nel profondo gli elettori che da anni cercano una risposta da parte della politica al problema immigrazione, agli afflussi di cittadini di altri Paesi, che la sinistra solo dopo le elezioni del 2008 si accorge impietosamente di avere nascosto sotto il tappeto, con il risultato di un travaso di voti dall'ala moderata al Carroccio, specie nelle roccaforti rosse. Alle invettive dei leghisti e agli anatemi contro le palandrane, il partito e l'opinione pubblica hanno sempre preferito abbracciare il *Leitmotiv* degli "italiani brava gente", affezionati all'immagine di popolo di santi, poeti e navigatori di certo non incline al razzismo. La tendenza a minimizzare le boutade delle pallottole di gomma contro gli immigrati travestiti da leprotti per fare esercitare i cacciatori, i "bingo bongo" invasori e la "puzza dei negri", fomentano l'equivoco. Chi del resto potrebbe mai pensare che queste affermazioni siano la prova di un razzismo condiviso, dal momento che, chi crede che nascondano qualche amara verità viene tacciato di scarso senso dell'umorismo? Le radici di una violenza verbale, che poi si traduce nei fatti con le proposte di legge, deriva, secondo Gian Antonio Stella dalla storia colonialista italiana, con cui l'Italia non ha mai fatto i conti. In Germania, Francia e Inghilterra, dove il proprio passato è stato affrontato, è «impensabile che un ministro chiami "bingo bongo" i neri»[3]. Anche le leggi razziali, come tuttora insegna la vulgata scolastica, erano dovute a un gesto di supina adesione di Benito Mussolini, in quanto alleato politico di Adolf Hitler, più che a una reale convinzione politica. Insomma, sempre spinti dall'onda di qualcun altro o da una contingenza storica, mai protagonisti e fomentatori di razzismo. La conseguenza dei nostri tempi è che «la stolta leggerezza con cui i leghisti chiamano i neri "bingo bongo" [...] è figlia della pressoché assoluta ignoranza di cosa fu il nostro colonialismo. E dell'assenza di ogni senso di colpa per il razzismo italiano fascista»[4].

Se agli inizi la ricerca del nemico aveva trovato una risposta nella lotta al meridionale, emblema dell'Italia sprecona e di

Roma ladrona, poi il mirino si era posizionato sui "negri" e in seguito l'asse si è allineato contro immigrati extracomunitari, comunitari, rom, clandestini e pure regolari. Un'escalation ragionata sui fatti di cronaca e sull'impatto che la paura poteva generare sull'elettorato in base ai titoli di giornali e allo spauracchio diramato via tubo catodico: all'epoca dei furti in villa era bene scagliarsi contro gli immigrati in quanto indistintamente "ladri". Poi, con l'aumento di stupri a opera di rom e maghrebini, è stato il momento della benzina sul fuoco contro le due categorie e delle ronde di Borghezio con le fiaccole in mano per difendere le *donne padane*, come se fossero un trofeo di purezza per la prosecuzione della razza. Infine arrivò anche la grande crisi internazionale e il bersaglio diventò l'immigrato, anche quello regolare che paga i contributi allo Stato italiano e che nella maggior parte dei casi educa i suoi figli nelle nostre scuole e vive nel pieno rispetto della legge. Ecco, in questo caso, l'immigrato *ruba* il lavoro agli italiani, come se i lavoratori coinvolti nei fatti di Rosarno, gli addetti alla raccolta estiva dei pomodori, o gli operai dei turni di notte fossero tutti usurpatori dei diritti civili sul suolo nazionale altrui. La costante ricerca di un bersaglio contro cui scagliarsi è sempre stato uno degli adagi più rivisitati, come abbiamo visto, che sfugge a un ragionamento lucido e razionale sulle ragioni, dettate da un post giudizio e non da un pregiudizio, del maggiore tasso di criminalità degli italiani rispetto agli immigrati. Secondo l'elaborazione di Luca Ricolfi effettuata su dati del ministero dell'Interno, ISTAT e Fondazione ISMU, nel 2005-2006, «il tasso di criminalità degli stranieri regolari è di 3,4 volte quello degli italiani, quello degli stranieri irregolari è 8,2 quello degli stranieri regolari e 28,3 volte quello degli italiani»[5]. Quindi, alla luce delle statistiche che confermano l'esistenza di un post giudizio corretto, la furia leghista ha ragione a risvegliare istinti verbali e retorici che si inseriscono a pieno titolo nell'area xenofoba? No, perché è l'Italia stessa ad attirare la peggiore immigrazione, raramente specializzata e certa di una giustizia farraginosa e inceppata in cui si sa di potere rischiare molto meno rispetto ad altri Paesi europei. E, al di là del disastrato pachiderma dei nostri tribunali, «visto che l'Italia non si impegna più di tanto a combattere la mafia e la camorra, abbatte lo 0,97% degli abusi edilizi accertati, tollera una quantità enorme di reati fiscali, chiude un occhio su una montagna di illegalità commesse da moltissimi cittadini, c'è paradossalmente da meravigliarsi che a infischiarsene della legge commettendo dei reati sia "solo" il 2% degli immigrati regolari»[6]. Riflessioni saggiamente dribblate dai leghisti. E non sono gli unici dati che il Carroccio preferisce emarginare. Infatti, secondo i dati diffusi dall'Osservatorio europeo sul razzismo e la xenofobia, siamo il Paese con più siti internet xenofobi sul calcio e, secondo uno studio della Demos-La Polis, siamo davanti solo ai Paesi dell'est in quando a considerazione economica degli immigrati, nonostante producano quasi il 10% del nostro PIL. Su questo terreno, le offese di Borghezio rispondono alle paure profonde di un popolo, il nostro, che anche dinanzi ai conti della Storia ha preferito parlare di altro.

La preoccupazione per la demagogia e il populismo leghista in materia di immigrazioni affonda le radici agli albori dei primi successi elettorali. Già nel 1990 il Forum delle comunità straniere aveva denunciato con preoccupazione i metodi di propaganda razzista della Lega. Nonostante i luoghi comuni, infatti, non dovevano essere sottovalutati i propositi eversivi e autoritari del partito in quanto, secondo il Senatùr, la deriva totalitaria sarebbe stata una conseguenza naturale dell'immigrazione straniera e non delle boutade razziste o xenofobe. L'avvertimento metteva in guardia da quanto sarebbe successo negli anni a venire, durante i quali, dai dirigenti locali fino ai rappresentanti nazionali si sarebbero sprecate iniziative legislative in chiave razzista nei confronti degli immigrati. Le discussioni più accese sin dagli inizi degli anni Novanta giunsero in occasione degli sbarchi di albanesi e delle popolazioni della ex Jugoslavia. Irene Pivetti, ex presidente della Camera, espulsa poi dalla Lega e in viaggio verso la zona grigia dell'UDEUR, nel 1997 si era resa protagonista di uno scandalo che aveva suscitato la reazione anche dei sacri palazzi. Proprio lei, *pasionaria* del Carroccio e cattolica padana (oggi presentatrice televisiva e assessore con doppio incarico a Berceto e Reggio Calabria), non aveva avuto dubbi e su «Il Tempo», forse anche snobbata dai media dopo l'uscita dalla Lega, aveva sparato a zero sugli albanesi sopravvissuti alla strage della nave di profughi Qater Radës, dove persero la vita centootto migranti: «Andrebbero ributtati in mare. E quando sparano sulle nostre forze dell'ordine, le loro navi andrebbero affondate»[7]. Una linea dura e certamente non espressa dall'esponente più estremista del partito. Dinanzi allo sgomento de «L'Osservatore Romano», che aveva tacciato le parole della Pivetti di inumana freddezza, la crociata cristianissima spiega che, insieme a quei cadaveri in fondo al mare, stava affondando l'Italia intera. Una posizione raggelante che si affianca alle scanzonate atrocità dello "Sceriffo" della Lega, Giancarlo Gentilini, prosindaco di Treviso, condannato per istigazione al razzismo, ideatore dello slogan "Tolleranza zero", che tuona nei comizi con voce greve e minacciosa. Come ha riportato «La Nuova Venezia», ecco quali erano gli obiettivi principali esposti da Gentilini alla festa della Lega il 14 settembre 2008: «la rivoluzione contro i clandestini [...] i campi dei nomadi e degli zingari [...] contro i phone center i cui avventori si mettono a mangiare in piena notte e poi pisciano sui muri: che vadano a pisciare nelle loro moschee! [...] contro i veli e il burqa delle donne. Io voglio vedere le donne in viso, anche perché dietro il velo ci potrebbe essere un terrorista e avere un mitra in mezzo alle gambe» e ancora, «non voglio vedere neri, marroni o grigi che insegnano ai nostri bambini. Cosa insegneranno, la civiltà del deserto? Il voto spetta solo a noi. Ho bisogno del popolo leghista. Queste sono le parole del vangelo secondo Gentilini». Del resto la teoria della tolleranza zero riprende fedele le linee guida del teorico Gianfranco Miglio, convinto che «l'universalismo antirazziale che vuole tutti uguali, dalla scimmia a Einstein, è un'ideologia arrabbiata che non porterà mai da nessuna parte». A proseguire la tradizione delle offese per screditare il bersaglio di turno, aiutano anche le nuove tecnologie. In particolare i leghisti trovano sfogo su Facebook. Renzo Bossi, oggi consigliere regionale, nel 2009, insieme all'amico Fabio Betti, ventitreenne coordinatore dei Giovani Padani del Medio Verbano, aveva ad esempio creato sulla pagina di Facebook della Lega l'applicazione "Rimbalza il clandestino", il *gioco* che consentiva di respingere virtualmente le navi di immigrati. Più se ne respingevano e più punti si conquistavano. In pratica, l'applicazione ludica del *Pivetti pensiero*. Il gioco è poi stato segnalato dagli utenti e ritirato, anche se il cofondatore Betti continuava a sostenere l'importanza della semplificazione della grafica e del gioco, perché si rivolgeva a un target giovane[8]. Anche la pagina della Lega Nord di Mirano è stata al centro delle polemiche sul social network per l'immagine pubblicata sul profilo che riproduceva una sorta di manifesto elettorale con la scritta: "Immigrati clandestini: torturali! È legittima difesa". La Lega ha immediatamente preso le distanze da questo gruppo, a cui erano iscritti anche esponenti di spicco come Roberto Cota, Massimo Bitonci, Umberto Bossi e Francesca Zaccariotto. E con spiccato spirito di vendetta Gian Paolo Gobbo, segretario in Veneto e sindaco di Treviso, ha ribadito: «Una simile campagna non rappresenta per nulla i principi della Lega Nord né, dunque, è mai stata autorizzata. È quindi nostra intenzione verificare da dove provenga il profilo Facebook in questione, anche se non rappresenta alcun canale ufficiale di comunicazione della Lega, in quanto chiunque è libero di fingersi ciò che non è in realtà. Stiamo inoltre già predisponendo le carte per eventuali azioni legali nei confronti dei responsabili»[9]. Strana pena del contrappasso, perché per un'iniziativa di boicottaggio in chiave razzista, tante provengono dalla pancia del partito e rivelano qualche contraddizione. Anche se questo manifesto xenofobo non è stato ideato da loro, i leghisti non si dispiacciono di arruolare ragazzi di colore per fare affiggere manifesti durante le scorse provinciali che hanno visto la vittoria di Guido Podestà (PDL). Infatti, nel pieno della campagna elettorale per le Europee 2009, Carlo Monguzzi, ex capogruppo dei Verdi in Regione Lombardia, dinanzi alla nuova sede della Regione aveva assistito all'incontro di un gruppo di attacchinatori verdi guidati da Giancarlo Aprea, consigliere di zona, e Stefano Costa, responsabile di zona, con «un gruppo di immigrati nord africani che, pur non parlando una parola di italiano, stavano attaccando quei manifesti della Lega Nord che inneggiano alla cacciata dei clandestini, cioè di loro stessi. In campagna elettorale tutto sembra essere lecito»[10]. E infatti lo è, e i clandestini da protagonisti degli slogan ne diventano inconsapevoli messaggeri.

Al razzismo strisciante degli slogan di partito non sfuggono nemmeno presunte celebrità e personaggi del mondo del calcio. L'esempio più lampante è quello di Mario Balotelli, attaccante di colore dell'Inter. Italiano a tutti gli effetti, nato a Palermo nel 1990, Balotelli già nell'incontro con la Roma aveva subito gli sfoghi della tifoseria avversaria che, tra razzismo e idiozia, si era prodigata nel lancio di banane in campo e in una raffica di insulti[11]. Nello scontro contro il Chievo a Verona, il giocatore è di nuovo vittima di fischi e spiega che, con il passare del tempo, la tifoseria di Verona si fa sempre più gretta e razzista. Dopo i fischi sugli spalti e la successiva reazione del giocatore interviene da allenator prodigo il sindaco di Verona Flavio Tosi, smentendo qualsiasi intenzione razzista e attaccando invece il giocatore: «Balotelli è un ragazzino immaturo e presuntuoso. Non sarà mai un campione. I veri campioni sono tali quando sono anche umili e hanno buon senso. Balotelli non possiede queste caratteristiche. Prendersela poi con il pubblico del Chievo, tra i più corretti d'Italia, è paradossale. Povero Balotelli, non sarà mai un campione»[12]. Tosi, che non era nemmeno presente all'incontro Chievo-Inter, è già stato condannato dalla Cassazione a due mesi (pena sospesa) per istigazione all'odio razziale in seguito alla petizione del 2001 che suggeriva ai cittadini veronesi di firmare «"per mandare via gli zingari da Verona" e ottenere "lo sgombero degli insediamenti abusivi e la non realizzazione di nuovi campi rom"»[13]. Insomma, anziché valutare nel merito politico il fatto contro Balotelli, il paladino anti rom Tosi preferisce rilasciare dichiarazioni di calibro sportivo, nei panni del coach della squadra in casa.

La strategia di Tosi ben si sposa con la raffica di provvedimenti discriminatori che sono stati adottati nel nostro Paese da amministrazione leghiste. Se infatti dal governo arriva la Bossi-Fini e dai colonnelli le linee guida tra gli echi di "negri", "islamici di merda" e "palandrane del cazzo", a livello locale il sentimento politico si insidia nelle norme comunali. Già ad Adro, ad esempio, i vigili venivano retribuiti con cinquecento euro per ogni clandestino scovato. Sulla stessa linea d'onda si collocava l'operazione "White Christmas" del Comune di Coccaglio, in provincia di Brescia, retto dal sindaco Franco Claretti: nel comune di settemila abitanti i vigili si sarebbero recati porta a porta a suonare al campanello di quattrocento immigrati per verificare se fossero muniti di regolare permesso di soggiorno pena l'espulsione. Il progetto "Bianco Natale", che sarebbe terminato proprio il 25 dicembre, usa in maniera impropria il richiamo alla festa cristiana per sottolineare quanto il "bianco" è in contrapposizione al "nero", l'immigrato, che deve essere stanato ed espulso. Non a caso, proprio l'assessore leghista alla sicurezza del Comune, Claudio Abiendi, aveva specificato: «Per me il Natale non è la festa dell'accoglienza, ma della tradizione cristiana, della nostra identità»[14]. Chiarissimo.

E a livello locale si moltiplicano anche i tentativi per escludere gli immigrati dai bonus bebè, dalle agevolazioni sugli affitti fino ai sussidi di disoccupazione. Provvedimenti tutti bocciati dai tribunali perché violavano il testo unico sull'immigrazione, in particolare «per gli articoli 43 (discriminazione per motivi razziali, etnici, religiosi e nazionali) e 44 (azione civile contro la discriminazione)»[15]. Eppure, nonostante le sentenze *tranchant*, i comuni del Bresciano e del Varesotto tentavano imperterriti di rendere efficaci quelle ordinanze, ritrovandosi poi a dovere fare marcia indietro e pagare le spese legali. Ad aprire le danze era stato il Comune di Morazzone, in provincia di Varese, pronto a dare cinquecento euro di bonus bebè ai bimbi non primogeniti, purché fossero figli almeno di un italiano. Provvedimento poi riconosciuto come discriminatorio dal Tribunale di Roma, ma che non ha arrestato l'ondata di tentativi analoghi relativi agli affitti e ai sussidi di disoccupazione nei Comuni di Brignano Gera d'Adda (Bergamo), Adro (Brescia) e Palazzago (Bergamo). E anche Tradate, in provincia di Varese, sull'esclusione dei figli di coppie miste dal bonus bebè (che uno dei due genitori fosse italiano non era requisito sufficiente per ottenere l'incentivo) è stata messa con le spalle al muro nonostante il sindaco Stefano Candiani sostenesse, *a latere* della sentenza, che il provvedimento fosse propedeutico a favorire «l'integrazione e la natalità per tutti»[16]. Convinto della bontà della proposta, che introduce l'idea del bonus bebè nazionalista, in contrasto con quanto stabilito dalla Convenzione dei diritti dell'infanzia di New York, Candiani e la sua giunta PDL-Lega sono convinti che la loro iniziativa sia volutamente a sostegno "etnico", come si legge nelle motivazioni del ricorso contro la sentenza del 3 giugno del Tribunale di Milano: «Il bonus bebè altro non vuole essere e non è se non un mero segnale di incoraggiamento, in nulla e per nulla attinente a situazioni di bisogno né all'appartenenza etnica o razziale, bensì scaturente da considerazioni circa il futuro della cultura come indissolubilmente legata ai popoli dell'Europa medesima»[17].

Nella guerra tra poveri in cui la Lega si inserisce per fornire solo agli italiani il riconoscimento pieno dei diritti civili, trionfano (anche se poi bocciati) altri provvedimenti *ad hoc* per i locali: a Sondrio la Provincia aveva pubblicato il bando per concedere gli alloggi soltanto agli studenti valtellinesi, a Brignano Gera d'Adda i rimborsi per spese dentistiche e oculistiche erano concessi soltanto agli italiani da zero a diciannove anni e a Cantù era stato istituito il numero verde anti clandestini. Ma non è finita: visto che gli immigrati sono soliti ritrovarsi nei parchetti e sulle panchine pubbliche, a Sanremo chi ha tra i dodici e i sessant'anni non può sedersi. Idem a Vicenza dove si possono accomodare solo gli over settanta, mentre a Voghera è vietato l'assembramento di oltre tre persone sulle panchine comunali.

Da ricordare anche la lotta contro lo sputo *tipicamente bengalese* a Monfalcone, oltre al divieto di burqa e burqini a Varallo Sesia, Drezzo e Fermignano. Divieti anche religiosi per i non cristiani di rimanere alla distanza di almeno quindici metri dalle chiese: idea del Comune di Rovato in provincia di Brescia. In tema cittadinanza, le amministrazioni locali si sono davvero sbizzarrite: in provincia di Padova, il sindaco di Teolo ha istituito una commissione incaricata di verificare la conoscenza della lingua italiana per gli stranieri, a San Martino dell'Argine erano stati affissi manifesti per invitare i cittadini a comunicare la presenza dei clandestini e a Gerenzano, in provincia di Brescia, per ottenere la residenza è necessario presentare il certificato penale[18]. Ordinanza, anche quest'ultima, poi giudicata discriminatoria a seguito del ricorso vinto da Kennedy During, cittadino liberiano di trentadue anni, operaio in un'azienda metalmeccanica di Brescia, in Italia dal 2002 con un permesso di protezione sussidiaria a causa degli scontri in atto nel Paese d'origine[19].

Nell'apartheid leghista fioccano anche le proposte populiste di Matteo Salvini, europarlamentare dei cori anti napoletani di Pontida, che aveva pensato di istituire vagoni *ad hoc* per donne, milanesi e «persone per bene». Nella categoria, ovviamente non rientravano gli extracomunitari e gli immigrati. Per Salvini la tutela del popolo padano viene prima di tutto: «Uso i mezzi a Milano da vent'anni e vista l'arroganza, la maleducazione e la violenza che regnano, così come una volta c'erano i posti riservati ai reduci, agli invalidi e alle donne incinte, avanti di questo passo fra dieci anni se non si interviene ci saranno posti o vagoni riservati ai milanesi e alle persone perbene. Se non si mette un limite all'immigrazione arriveremo a questo»[20]. Di provocazione in sentenza o ordinanza bocciata, la Lega delle amministrazioni locali prosegue nello stillicidio in salsa tricolore, tra l'innocentismo congenito degli *italiani brava gente* e il sentimento xenofobo più radicale che vorrebbe la sospensione dei diritti civili per gli immigrati, lontana da qualsiasi sentimento di *pietas* cristiana o di educazione civica repubblicana. Nell'Italia del primato culinario, anche i piatti tipici sono un terreno da battere per emarginare l'immigrato e un argomento vicinissimo e comprensibile alle pance di chi crede alla temperatura percepita e non a quella reale. In Lombardia, Daniele Belotti, consigliere regionale, aveva fatto approvare la cosiddetta legge anti kebab che imponeva la chiusura dei laboratori artigianali all'una di notte e regolamentava il consumo dei prodotti, dai kebak ai gelati fino alla pizza d'asporto: certo, si può mangiare all'esterno dell'esercizio, ma solo su una panchina pubblica e senza sporcare. Una legge fantasma sbandierata per conquistare i titoli di giornale, quando in realtà si trattava soltanto di un rafforzativo alla legge Bersani, in base alla quale i laboratori artigianali non possono prevedere l'allestimento di arredi esterni per la consumazione dei propri prodotti. E se i "kebabbari" avessero voluto posizionare panchine e tavolini fuori dal locale, liberi di farlo. Basta pagare la licenza per passare da laboratorio artigianale (che secondo la legge Bersani non prevede l'allestimento di arredi esterni per la consumazione) a esercizio commerciale e il gioco è fatto. La Regione incassa e stabilisce che i Comuni possono fissare le opportune deroghe e la legge, per evitare di scomodare gli esercenti indigeni, non avrebbe intaccato il turismo della zona laghi. Riassumendo, per Della Vedova si trattava solo di «un provvedimento demagogico, che, usando a pretesto ragioni di ordine e sicurezza pubblica, difende gli interessi corporativi di esercizi (bar, pizzerie e ristoranti) che, non solo in Lombardia, ma in tutto il mondo avanzato, subiscono la concorrenza di laboratori artigianali apprezzati da molti consumatori per l'ottimo rapporto qualità-prezzo»[21]. Più mirate e marziali le proposte in provincia: a Capriate San Gervasio una delibera comunale ha vietato l'apertura di bar etnici e call center in centro, come anche a Ceriano Laghetto. Nonostante l'evidenza discriminatoria delle proposte, gli ideatori smentiscono e spesso si spingono al parossismo, negando qualsiasi intento xenofobo e, anzi, proclamandosi convinti sostenitori che queste proposte siano funzionali al processo di integrazione. Anche la lotta al cous cous rappresenta l'emblema del "celodurismo" identitario contro la contaminazione dall'immigrato: nella Treviso di Gobbo e Gentilini, Abdallah Khezraji, leader della comunità di extracomunitari, aveva proposto di organizzare un cous cous gigante per sensibilizzare l'opinione pubblica sulla situazione del Sahara occidentale. La sede prescelta sarebbe stata piazza dei Signori, la stessa da cui è stato lanciato a più riprese lo slogan "tolleranza zero". Alla proposta, se il Comune ha temporeggiato, è stato il senatore Piergiorgio Stiffoni, lo stesso che si augurava i forni crematori per gli immigrati sgombrati da due palazzi a Treviso, a sciogliere gli indugi: «Khezraij vada a cagare. Anzi: vada a fare il cous cous a Casablanca»[22].

Oltre al cibo e al test di italiano, il presidente della Provincia Roberto Dellai, aveva chiesto di sottoporre tutti gli immigrati a test psicologici e psichiatrici. E per proteggere i suoi elettori in fase di crisi la Lega aveva tentato di inserire nell'apposito decreto la possibilità di estendere ai lavoratori di Malpensa e del suo indotto gli stessi ammortizzatori sociali di cui godevano i dipendenti di Alitalia. E come far cassa? Rivolgendosi agli immigrati regolari, quelli che come gli italiani pagano le tasse: per loro la Lega aveva pensato all'introduzione di una tassa sul permesso di soggiorno e a una fideiussione di diecimila euro per chi volesse aprire una partita IVA. Emendamenti entrambi bocciati e costituzionalmente impresentabili[23].

Oltre agli immigrati da condannare in quanto diversi per Paese, colore della pelle e lingua, vi sono naturalmente altre precise sottocategorie in cui la deriva razzista della Lega ha trovato sfogo. Nella top list i musulmani, i rom e le badanti, tutti a loro modo portatori di contaminazioni del buon costume del popolo padano. I meridionali contro cui il Carroccio degli esordi si era scagliato rivendicando la questione settentrionale e romana appartengono ormai al vecchio repertorio leghista che in seguito ha scelto altri bersagli. Oggi, infatti, si punta a convincere anche gli italiani trapianatati al Nord per colpire con maggiore convinzione e impatto mediatico il bersaglio comune. Sui musulmani, il paladino della lotta anti Islam per la Padania bianca e cristiana, ma anche fiera di esporre la croce celtica, è Mario Borghezio. Maestro in alcuni video su YouTube per i neofascisti francesi, come è stato immortalato nel documentario di Canal+ *Ascenseur pour les fachos* ["Ascensore per i fascisti", *n.d.r.*] in cui dispensa i suggerimenti politici per agire in chiave xenofoba senza essere tacciati di fascismo, si destreggia con disinvoltura tra difesa del crocifisso e barricate contro la costruzione di moschee, sit in a favore dell'ultima Oriana Fallaci, sostenitore della schedatura dei musulmani che, dopo l'11 settembre, equivalgono automaticamente ai terroristi islamici, tutti amici di Bin Laden. Le moschee e i minareti sono centri di odio, i musulmani moderati non esistono, i leghisti sono crociati del terzo millennio e oltre alla moschea da chiudere compaiono anche slogan in favore della polenta, assai meglio del cous cous. «Padroni a casa nostra! Fuori dalle palle chi non rispetta la Madonna e Gesù Cristo», gli facevano eco sul loro sito i Giovani Padani in seguito all'episodio avvenuto a Cascina Rimoldo di Casatenovo (Lecco), dove un trentenne di origine marocchina, per «pareggiare il muro» della sua abitazione, aveva murato la teca della Madonna, la cui statua era stata poi salvata in extremis da due donne. L'uomo si era scusato e aveva ricollocato al suo posto la statua ma la macchina della propaganda si era già avviata[24] e Borghezio manifesta al loro fianco. La retorica si avvale di parole che suonano come un invito alla guerra: lo sbalorditivo repertorio spazia dai "Cornuti islamici di merda" a "Padania cristiana mai musulmana", "Merde extracomunitarie clandestine" fino all'assioma: «Non siamo merdaccia levantina o mediterranea». E per una Sandy Cane, primo sindaco di colore italiano e leghista di Viggiù, esistono decine e decine di Mario Borghezio. Anche Roberto Calderoli, acerrimo nemico dell'«invasione islamica», che aveva definito Rula Jebreal «signora abbronzata», da vicepresidente del Senato aveva messo a disposizione il suo maiale per contaminare il territorio su cui a Bologna avrebbero dovuto costruire la moschea: «Fin da subito metto a disposizione del comitato contro la moschea sia me stesso che il mio maiale per una passeggiata sul terreno dove si vorrebbe costruire, esattamente come a suo tempo feci in quel di Lodi»[25]. Ma Calderoli è lo stesso che da ministro della Semplificazione, in un gesto mediatico di furia istituzionale aveva bruciato con un rogo 375.000 leggi inutili, munito di fiamma ossidrica, piccone e ascia, si era reso protagonista di una crisi diplomatica tra Italia e Libia. A seguito delle polemiche dopo la pubblicazione in Danimarca sul «Jyllands-Posten» delle vignette anti Maometto, aveva deciso, contro il fondamentalismo islamico, di volere indossare una maglietta che raffigurava la caricatura di Maometto, pubblicata sulla prima pagina di «France Soir» il 1 febbraio 2006. Occasione d'oro quella di esibirla anche sotto la camicia d'ordinanza e la cravatta verde al *Dopo TG1*. Le conseguenze: assalto al consolato italiano a Bengasi, con undici morti e venticinque feriti. E infine le dimissioni di Calderoli da ministro per le Riforme.

Un posto d'onore nella retorica anti straniero della Lega viene riservato ai rom. Quando parlano di loro le amministrazioni leghiste vantano la distruzione e la caccia agli "zingari", come se fossero trofei da collezionare, vanti da esibire per Gentilini che in comizio ricorda di avere «distrutto due campi di nomadi e di zingari», ricevendo anche il supporto di Daniela Santanché e del centrodestra, mentre la sinistra prosegue indifferente nell'emorragia di voti e gli elettori chiedono di fatto maggiore sicurezza e controllo nei campi. La Lega reagisce come sa, con toni da regime nazionalsocialista, mentre Salvini spiega che «i topi sono più facili da debellare degli zingari», «come nella vecchia propaganda antisemita. Nelle parole, ancora peggio: lì gli ebrei erano descritti come topi, qui gli "zingari" stanno a un rango ancora inferiore»[26]. Senza dimenticare i cori di Barcellona-Inter, quando sono entrati in campo i bambini rom.

Che siano le badanti l'unica categoria di immigrati da salvare? Forse la Lega riconoscerà il loro valore, il supporto che forniscono tutti i giorni nelle case degli italiani, nel Paese tra i più vecchi d'Europa dove gli anziani sono una classe sociale assai più rilevante dei giovani – da anni ai margini del discorso politico. Forse loro potrebbero aiutare la Lega a ridiscutere i canoni razzisti di cui sono portatori? Forse potrebbero illuminare i colonnelli verdi sul fatto che gli immigrati, non solo non portano via il lavoro degli italiani, ma svolgono proprio quelle mansioni che i nostri connazionali sono restii ad accettare, dall'assistenza ai malati fino ai turni in fabbrica? Non proprio. Infatti il sindaco di Cittadella, Massimo Bitonci, ha «proposto un registro comunale per badanti, rigorosamente italiane, che potrebbero risolvere in parte i problemi occupazionali perché secondo lui le italiane vorrebbero tornare a fare i lavori che avevano fino a ora gentilmente concesso di fare alle immigrate»[27]. Sarebbe interessante sfidare Bitonci a trovare davvero italiani che smaniano per assistere gli anziani e rivendicano il posto di lavoro rubato dalle badanti. E sarebbe altrettanto interessante chiedere a Calderoli perché, come si evince dai controlli effettuati sulle domande di ingresso delle badanti, risultava che i due terzi fossero prostitute. E se quelle badanti si giostrano con maestria tra l'assistenza domiciliare e la prostituzione, per i padri di famiglia padani, la questione si fa spinosa. La domanda esiste e l'offerta risponde. Dalla raccolta dei pomodori al soddisfacimento delle ipocrisie del Paese Italia, scandalizzato dalla proposta di quartieri a luci rosse e affamato di prostitute sfruttate da setacciare poche province più in là, nel buio delle statali o negli anfratti delle strade sterrate.

Note

[1] Piero Ignazi, *La fattoria degli italiani. I rischi della seduzione populista*, Rizzoli, Milano 2009, p. 17.

[2] Adalberto Signore - Alessandro Trocino, *Razza padana,* cit., pp. 352-353.

[3] Fabio Chiusi, *La Lega e la "tigre del razzismo". Colloquio con Gian Antonio Stella*, in «espresso.repubblica.it», 23 aprile 2010.

[4] Gian Antonio Stella, *Negri, froci, giudei & Co. L'eterna guerra contro l'altro*, Rizzoli, Milano 2009, p. 67.

[5] Luca Ricolfi, *Illusioni italiche. Capire il Paese in cui viviamo senza dare retta ai luoghi comuni*, Mondadori, Milano 2010, p. 28.

[6] Gian Antonio Stella, *op. cit.*, p. 69.

[7] ANSA, 27 marzo 1997.

[8] Marco Pasqua, *Utenti contro "Rimbalza il clandestino". Facebook cancella il gioco leghista*, in «la Repubblica», 23 agosto 2009.

[9] Alessandro Zago, *Facebook, la Lega querela*, in «espresso.repubblica.it».

[10] ADNKRONOS, 4 giugno 2009.

[11] Guglielmo Buccheri, *E a Balotelli tirano le banane*, in «lastampa.it», 8 giugno 2009.

[12] *Balotelli: "Il pubblico di Verona mi fa sempre più schifo"*, in «gazzetta.it», 6 gennaio 2010.

[13] Laura Tedesco, *«Fecero propaganda razziale». Condannati Tosi e cinque leghisti*, in «Corriere del Veneto», 11 luglio 2009.

[14] Sandro De Riccardis, *Un bianco Natale senza immigrati. Per le feste il comune caccia i clandestini*, in «la Repubblica», 18 novembre 2009.

[15] Michele Sasso, *"Bonus bebè solo per gli italiani". Ma le ordinanze leghiste hanno vita breve*, in «Il Fatto quotidiano», 31 luglio 2010.

[16] *Ibidem.*

[17] Elisabetta Reguitti, *Solo piccoli ariani*, in «Il Fatto quotidiano», 4 settembre 2010.

[18] Elisabetta Reguitti, *Il razzismo delle amministrazioni locali*, in «ilfattoquotidiano.it», 12 dicembre 2009.

[19] Elisabetta Reguitti, *Osservatorio sulle schedature leghiste*, in «ilfattoquotidiano.it», 3 agosto 2009.

[20] *«Posti riservati ai milanesi», la provocazione della Lega*, in «corriere.it», 7 maggio 2009.

[21] *Legge anti-kebab, sale la protesta. In via Borsieri gelato «disobbediente»*, in «corriere.it», 22 aprile 2009.

[22] Telesio Malaspina, *Treviso alla guerra del cous cous*, in «espresso.repubblica.it», 23 marzo 2010.

[23] Gad Lerner, *La Lega e il diversivo razzista*, in «gadlerner.it», 10 gennaio 2009.

[24] *Madonna murata, il marocchino chiede scusa*, in «corriere.it», 23 agosto 2007.

[25] *Bologna, si infiamma lo scontro sulla moschea. Calderoli: "Un maiale-Day contro l'Islam"*, in «repubblica.it», 13 settembre 2007.

[26] Daniele Sensi, *Matteo Salvini, Lega Nord: "Gli zingari peggio dei topi"*, in «danielesensi.blogspot.com», 9 aprile 2008.

[27] Cristina Giudici, *Lucciole per badanti (la Lega ha quasi sempre ragione)*, in «ilfoglio.it», 8 luglio 2009.

Omosessuali

> La famiglia eterosessuale va difesa da chi vuole creare una dittatura massonica-comunista mondiale. Se passano le famiglie omosessuali che non hanno figli è necessaria l'immigrazione, e con essa l'ideologia che riesce a scardinare l'identità dei popoli. Se ritorna invece la famiglia eterosessuale, e con essa i figli, vincono i popoli e la democrazia.
>
> UMBERTO BOSSI

Sarà stato il motto ispirato al "celodurismo" bossiano, l'immagine del partito di incorruttibili ribadita anche dal sostegno via slogan delle più ortodosse pratiche sessuali e contro Sodoma e Gomorra, a fomentare alcuni evidenti sentimenti omofobi all'interno del Carroccio. La linea sostenuta con forza da Umberto Bossi con l'esibizione di una retorica finalizzata a esasperare la virilità del Senatùr e, per osmosi, dei suoi, ha costruito nel tempo un'immagine di partito lontana dall'obiettivo di integrazione degli omosessuali nel tessuto sociale tramite la conquista dei diritti, dai PACS all'adozione dei bambini per le coppie gay, come già accade ad esempio in Spagna e Olanda. Il mito dell'uomo forte, del conquistatore indomito ispirato da Alberto da Giussano e dalla mistica celtico pagana, sarebbe del resto svilito dall'ammissione pubblica e pubblicizzata di un'apertura verso chi, per natura e non contro di essa, non corrisponde al modello eterosessuale e prolifico. L'opportunismo politico in ambito omofobo si è fatto assai chiaro al sorgere del nuovo millennio con l'alleanza nella coalizione di centro destra e la necessità di non disperdere ma compattare sullo stesso fronte l'elettorato cattolico.

Tuttavia, ben prima che gli strali omofobi prendessero il sopravvento e ispirassero alcune dichiarazioni della prima linea antiomosessuale capeggiata dal trio Bossi, Calderoli e Gentilini, gli esordi della Lega avevano anche accolto di buon grado la presenza di una militanza arcobaleno, attiva nel partito e promotrice di iniziative e dibattiti. Il tutto in linea, ovviamente, con la secessione e il federalismo, che gli omosessuali *in sé* non avrebbero certo potuto mettere in crisi. Su alcuni forum leghisti si legge infatti che per i gay non ci sarebbe alcun tipo di discriminazione e per tanti l'obiettivo nemico è da ricercare altrove, cioè nell'immigrato, specie se proviene da un Paese del Terzo Mondo e in via di sviluppo, che percepisce uno stipendio basso (nessuno si accanisce contro il dirigente straniero da migliaia di euro al mese). Ma se per parte della base l'orientamento sessuale non è fonte di discriminazione, la Lega è attraversata da un sentimento omofobo che si è manifestato duramente e a più riprese nel corso degli anni. La necessità di attaccare il nemico omosessuale affonda le radici anche nella cultura contadina, abituata a una netta separazione dei ruoli maschili e femminili, considerati statici in una società stabile e dai valori condivisi. E questa cultura trova spazio nella Padania del terzo millennio e post industriale, vera nazione del Nord oltre i confini forzati dell'unione garibaldina, ferma sostenitrice della tradizione e della conservazione reazionaria del territorio, incarnata dal modello di produttività della piccola e media impresa, dal lavoratore brianzolo e dalla famiglia intesa come unità sociale in grado di garantire il perpetrarsi della stessa cultura.

Tuttavia, agli esordi della Lega, gli omosessuali si erano organizzati alla luce del sole. Nella progressiva moltiplicazione delle associazioni, dai Ciclisti padani, fino ai Cattolici padani di Giuseppe Leoni, passando per i Giovani padani alla PADAS (Padana Associazione Donatori Abituali Sangue), era sorto anche il movimento dei Los Padania, dove l'articolo spagnoleggiante in realtà era la sigla di «Libero orientamento sessuale». Un'organizzazione nata a Padova e poi unitasi ai Gay LIB di centrodestra, capitanati da Enrico Oliari, che discutevano per creare un dibattito interno al partito sul tema dell'omosessualità. Los Padania era stata ampiamente sdoganata anche dal quotidiano di partito e dal sito ufficiale in cui compariva anche il link. In via Bellerio, inoltre, sede degli organi di stampa della Lega, era evidente una certa simpatia per il mondo omosessuale e oltre un quarto dei giornalisti assunti era di orientamento gay. Se nel corso dei primi anni i Los Padania organizzano convegni e dibattiti tra diritti e discriminazioni di genere, la situazione degenera nel giro di qualche anno e li porta a una progressiva estromissione dal movimento. L'esigenza di Umberto Bossi, infatti, sul finire degli anni Novanta, diventa quella di avvicinarsi sempre più alla coalizione di centrodestra e di introiettare organicamente i valori che lo avrebbero portato a fiancheggiare la tradizione cattolica in difesa della famiglia e dei suoi diritti, per assicurarsi le simpatie dell'area vaticana, nonostante i riti celtici e le ampolle del Po onorate con trasporto religioso dal Monviso alla laguna veneziana. L'impronta gay *friendly* si consuma in fretta: se l'ex ministro della Sanità della Padania Franco Fante il 10 aprile 1998 apriva all'equiparazione legale delle coppie omosessuali, già l'anno successivo Marcello Schiavon, del direttivo dei Los Padania, insieme a Carlo Manera, denunciavano il tradimento del partito a seguito della cancellazione del link sul sito, eliminato all'insaputa dell'associazione. Un segno evidente di cambio di rotta politica, decisa tuttavia non dai colonnelli ma da quanto sgorgava dalla base, dalla militanza pulsante della Lega. «Siamo davvero allibiti poiché la Lega Nord, inutile nascondercelo, sta tradendo le nostre aspettative. Naturalmente, se fossimo solo noi a dirlo, non sarebbe da preoccuparsi più di tanto. [...] Senonché si scopre, anche dai sondaggi de "La Padania", che il dissenso della base leghista è assai più ampio e preoccupante», aveva dichiarato Schiavon il 13 aprile 1999, accostando la decisione dell'epurazione decisa dalla Lega al negazionismo perpetrato dal sistema mussoliniano a danno degli omosessuali. Tramonta allora il sogno dei leghisti omosessuali di vedere uno spazio di dibattito interno al partito. Proprio quella stessa Padania, che in nome della libertà e dell'autodeterminazione dei popoli inneggiava alla libertà delle sue genti, aveva preferito scegliere l'avvicinamento al polo Berlusconi-Vaticano epurando la discussione. Certo, anche in precedenza, sin dal 1994, con la Consulta cattolica e Giuseppe Leoni, la Lega non aveva certo mostrato un atteggiamento permissivo e si era premurata di ribadire con fermezza la condivisione della linea della chiesa cattolica su matrimonio e figli e di manifestare sconcerto dinanzi a quanto dichiarato dall'allora sindaco di Milano Marco Formentini, che nel 1995 si dichiarò favorevole al matrimonio omosessuale. Ma col 24 settembre 2000, quando Umberto Bossi dalle colonne de «La Padania» chiude ogni possibilità di dialogo e dichiara aperte le «barricate contro le unioni gay», evapora definitivamente per gli omosessuali qualsiasi spazio di dibattito interno al partito.

Da lì esondano gli argini del buon gusto in quanto a epiteti e locuzioni entrate *tout court* nel vocabolario per veicolare idee programmatiche e politiche. Si va dai "culattoni" ai "froci", passando per "finocchi" e il più poetico e non meglio definito "altra sponda". Dal 2000 infatti la Lega inizia la battaglia in Europa contro le proposte di matrimonio e adozioni per le coppie gay fino alla discussione dei PACS nel nostro Parlamento. L'Europa è pacificamente detta «omoparlamento» per le sue posizioni di apertura e discussione delle tematiche *transgender*.

I primi segnali di seria preoccupazione arrivarono da Aurelio Mancuso, portavoce nazionale del movimento omosessuali nei DS, che nel 2000 denunciò la gravità delle dichiarazioni di Bossi, convinto che i comunisti fossero responsabili dello smembramento contemporaneo della famiglia, dell'intenzione di snaturare il nucleo naturale su cui è fondata la società. Affermazioni che mirano a costruire un catalogo di categorie nemiche e complottiste, intese a sovvertire l'ordine naturale. Massoni, gay, comunisti, immigrati e poteri forti forgiano il corollario immaginifico che ostacola il compimento del progetto leghista. Il Senatùr infatti puntava a «lo Stato unico mondiale, un'unica razza, un'unica religione, un unico utero, una sola lingua e magari una sola taglia per i vestiti»[1], attingendo temi e spunti dai periodi totalitari. Per scaldare i suoi, Bossi accosta la lobby gay alla massoneria e ai poteri forti, un coacervo di individui non meglio indentificati se non tramite secche categorie, intenzionati a portare avanti le adozioni per gli omosessuali. Per ostacolarne l'avanzata non rimaneva altro che invitare i cittadini padani a figliare quanto più possibile, per scongiurare l'arrivo degli immigrati e l'insinuarsi di idee che potessero scalfire la famiglia tradizionale. E pure la responsabilità della scarsa proliferazione del popolo padano è da attribuire ai comunisti: «Io vedo una relazione tra il Paese che aveva il più forte partito comunista dell'Occidente e il basso coefficiente di fertilità che oggi ci relega nell'abisso. Dai oggi e dai domani, un'ideologia come quella comunista che aveva come obiettivo primario quello di scardinare la società occidentale, ha cominciato a sferrare colpi contro la famiglia»[2]. E così il cerchio si chiude e la schiera di nemici è ben delineata all'orizzonte. Il 26 agosto 2000 a Chiavari, in provincia di Genova, Bossi continuava imperterrito a sostenere le ragioni del conflitto per la demolizione della famiglia voluto dai comunisti che, dal Gay Pride alla battaglia per le adozioni delle coppie di fatto, spalleggiano il mondo omosessuale. E Franco Grillini, allora presidente onorario dell'Arcigay, si scagliò apertamente contro la battaglia omofoba della Lega, giocata su toni recrudescenti e su un linguaggio definito "goebbelsiano".

Alla vigilia delle elezioni del 2001, poi, Bossi si lanciò nell'invettiva contro la condotta familiare del candidato per l'Ulivo Francesco Rutelli, invocando la nomina di un presidente del Consiglio dotato di famiglia tradizionalista e con «figli certi», viste le minacce di apertura verso la comunità omosessuale che arrivavano da Bruxelles. L'allusione venne presto intuita, visto che Rutelli e la consorte Barbara Palombelli avevano un figlio adottivo. A denunciare gli strali di odio e discriminazione dell'impasse leghista, non sono soltanto i rappresentanti nazionali.

Anche in Europa, infatti, sale il timore per un'ondata di intolleranza omofoba fomentata dal Carroccio. Nove deputati indipendentisti dell'Europarlamento si erano così schierati contro le invettive leghiste, definite "crociate di odio", profondamente in disaccordo con l'articolo 13 del Trattato europeo contro le discriminazioni.

Mentre erano sfumate del tutto le istanze dei Los Padania, naufragati per volere superiore, sorgevano nella galassia leghista alcune personalità di spicco nella lotta per la famiglia tradizionale. Particolarmente agguerrito per le sue invettive anti gay è il pluriministro Roberto Calderoli, celebre per le sue venature razziste e le metafore allusive nella descrizione di gruppi nemici, dalle lobby alla burocrazia da incendiare con roghi pubblici. Il ministro aveva reagito all'indomani di una manifestazione di piazza a Roma per invocare la discussione su una legge per le coppie di fatto, semplificando col linguaggio di pancia. Per lui «PACS e porcherie varie hanno come base l'arido sesso e queste assurde pretese di privilegi da parte dei culattoni, per dirla alla Tremaglia, sono fuori luogo e nauseanti»[3]. L'allusione all'omosessualità, oltre a scagliarsi contro la categoria gay, diventa un mezzo politico per demolire l'avversario, per ridurlo in cenere agli occhi degli elettori in base al principio secondo cui il vero macho è l'uomo in grado di bearsi della propria virilità screditando con nonchalance la presunta debolezza altrui fatta di simboli, dichiarazioni composte e valutazioni ponderate. Ma si sa, il "celodurismo" non fraternizza con le mezze misure, la ragionevolezza e la pacatezza del confronto politico. Spara a zero per impressionare, sulla scia del gesto dell'ombrello e delle grida dai palchetti dei comizi, in canottiera. E anche proporre alla Margherita, partito troppo moderato per Calderoli, di adottare il finocchio come simbolo, più adatto secondo lui alla mollezza democristiano-centrista, rientra fra gli atti di virilità. Vista la ricchezza del repertorio del ministro contro l'omosessualità, si era insinuato pure il dubbio che tanta omofobia fosse un dilemma personale mai risolto. E a una serie di provocatori quesiti sulla sua eventuale omosessualità latente rispose la ex moglie Sabina Negri sul «Magazine» del «Corriere della Sera». Nega categorica ma ammette che se «Freud dice che se soffri di vertigine hai voglia di buttarti nel vuoto macho» e che l'ex consorte non è omosessuale ma «freudianamente nell'inconscio ci sta tutto». Inoltre ricorda che, prima della sua nomina a ministro, invitavano anche gay nelle cene a casa loro e pare che entrambi fossero assai divertiti. Poi la svolta e la chiusura[4]. A ogni occasione possibile, il ministro non ha fatto altro che fomentare la linea omofoba del partito, anche sull'onda di fatti di cronaca. In più occasioni infatti ha ribadito in un comizio a Falconara Marittima: «Sarò un bacchettone, ma quando vedo in TV due gay che si baciano mi fanno ancora schifo», per sferrare il colpo contro il centrosinistra sensibile alle istanze di apertura. Protagonista anche di un volontario siparietto sulla candidatura di Vladimir Luxuria nelle liste di Rifondazione Comunista, Calderoli si domandava nei comizi se avessero dovuto provvedere alla costruzione di un terzo bagno in Parlamento, vista l'indecisione della collocazione fisica e, di conseguenza igienica, di un *transgender*. E poi la virata: i gusti sono gusti, ma giù le mani dai bambini che devono sorbirsi due mamme o due papà. Il giornale di partito lo segue nei suoi deliri e rincara la dose. Nel 2006, ad esempio, Gianluigi Paragone, in uno straordinario editoriale intitolato *Tutto cominciò con il pisello*, dipinge un quadro geopolitico a suo giudizio lapalissiano: Boselli, Pannella e Grillini avrebbero dettato nel 2006 al presidente del Consiglio il programma di governo per fare trionfare la lobby gay e la distruzione coordinata dell'istituzione familiare. E l'ostracismo verso Bruxelles è talmente evidente da risultare ai limiti della comicità, dopo l'approvazione a Straburgo di una risoluzione contro l'omofobia: «Ora, dopo avere legiferato sulle misure del pisello (inteso come ortaggio), l'omoparlamento – come lo ha ribattezzato il ministro Calderoli – ci dà indicazioni su come dovrebbe essere una nuova famiglia». E ancora: «Con tutti i problemi veri che la dovrebbero assillare, l'Europa si preoccupa delle coppie gay e delle angherie degli omofobi. Una risata li seppellirà, dicevano. Magari fosse così, ma così non è; non è una battuta, la famiglia omosessuale è un'indicazione politica [...] con tanto di sanzioni per chi dovesse scostarsi dalla nuova... moda»[5]. Sull'intenzione del governo Prodi di aprire agli omosessuali prima delle elezioni del 2006, Calderoli risponde con un'altra metafora rivolta all'intera coalizione avversaria: «A meno di venti giorni dalle elezioni non si può più tenere il piede in due scarpe, come fino a oggi hanno fatto i camaleonti del centrosinistra: o si è dalla parte della famiglia vera o si è contro e ci si schiera così sulla sponda sbagliata del fiume, dove crescono rigogliosi canne e finocchi selvatici»[6]. Indignato dall'apertura del governo Prodi, Calderoli giudica la nostra Repubblica oscillante «tra le banane e i finocchi» e non perde occasione per indignarsi sulla presenza dei bambini nei gay pride o nelle manifestazioni sui diritti dei conviventi. Su questo tema trova l'appoggio de «L'Osservatore romano», che parla di «carnevalata» e inchioda le richieste di chi, come poi li definì Mara Carfagna prima della conversione progressista con Paola Concia, è «costituzionalmente sterile»[7]. Secondo Calderoli infatti, «la natura non fa sconti e le coppie per loro natura sterili, in quanto formate da due componenti del medesimo sesso, non potranno che portare all'estinzione della specie»[8]. Ma anche altri esponenti leghisti o che hanno avuto una militanza tra le file del Carroccio hanno attaccato il mondo omo. Uno tra i personaggi più triviali in materia di omofobia, è Pier Gianni Prosperini, arrestato per turbativa d'asta e corruzione mentre era assessore ai Giovani, sport e turismo della terza giunta Formigoni in Lombardia, militante della Lega della prima ora. Già consigliere comunale a Milano, Prosperini lascerà il partito nel 1992 a causa di dissidi interni. Conosciuto nelle reti televisive lombarde per i suoi accorati appelli in dialetto che invitavano gli immigrati a tornare a casa («Ciapum el camel, ciapum la barcheta, ciapum quel che vorun e turnen indrè»)[9], si è distinto anche per le sue posizioni *tranchant* in tema di omosessualità. Secondo lui infatti «è una devianza. Quindi niente famiglia e niente adozioni. Il gay dichiarato non può essere né insegnante, né militare, né istruttore sportivo». A questo aggiunge anche la proposta di trattamento *ad hoc* per gli omosessuali che nel corso della manifestazione avevano esibito un fotomontaggio con Benedetto XVI con il dito medio: «Garrotiamoli», ha detto, «ma non con la garrota di Francisco Franco. Alla maniera degli Apache: cinghia bagnata legata stretta intorno al cranio. Il sole asciuga il laccio umido, il cuoio si ritira, il cervello scoppia»[10].

Se quella di Prosperini è una figura politica che vanta le proprie radici nel partito ma che ha preferito spostarsi nella ex Alleanza Nazionale poi confluita nel Popolo della Libertà, le invettive più spietate nei confronti del mondo omosessuale arrivano dal Veneto e in particolare da Giancarlo Gentilini, pro sindaco di Treviso molto apprezzato dai suoi concittadini, che su ReteVeneta si era lasciato andare al suo personalissimo programma: «Darò immediatamente disposizione alla mia comandante [dei vigili urbani, *n.d.r.*] affinché faccia pulizia etnica dei culattoni. I culattoni devono andare in altri capoluoghi di regione che sono disposti ad accoglierli. Qui a Treviso non c'è nessuna possibilità per culattoni o simili». Il tutto perché nel parcheggio di via dell'Ospedale a Treviso si consumavano rapporti sessuali e per questo aveva promesso di stanare la prostituzione a suon di vigili urbani e telecamere. Proprio lui che ritiene le prostitute «le navi scuola dei più giovani» e che lavora in tandem con il sindaco Gian Paolo Gobbo, intento a sottolineare gli istinti bonari del sindaco spesso malcelati da dichiarazioni razziste, dice: «Ci stiamo attivando perché venga cambiata la legge Merlin. Bisogna riaprire le case chiuse e creare quartieri a "luci rosse" come succede nel resto d'Europa: garantiscono protezione sanitaria e tasse pagate». Insomma, le forti contraddizioni della Lega, dal pugno di ferro contro la prostituzione alla riapertura delle case chiuse, non sono mai state problemi da dirimere. E Gentilini, soprannominato *Genty* dai suoi concittadini, non si tira indietro nemmeno dinanzi ai pestaggi. Infatti, quando Valdimir Luxuria fu malmenata dagli agenti russi nel Gay Pride di Mosca, per lo "Sceriffo" non c'erano dubbi: «In Russia hanno fatto bene a prendersela con Luxuria. [...] Non si va a portare idee demenziali negli altri Stati, la "ripassatina" andava bene. Non si sa neanche se a un uomo o una donna: "non toccarmi perché sono una donna" non può dirlo»[11]. Calderoli e Gentilini a parte, il clima omofobo nel Nord leghista fa valere le sue ragioni. Ne è stato un esempio Vittorio Sgarbi che, invitato a commentare sul «Corriere della Sera» l'apertura della prima casa di riposo per omosessuali in Europa a Berlino, era refrattario a pensare una soluzione analoga a Milano. Assai più probabile, secondo il critico d'arte, che Capri o Taormina dessero il loro consenso. Infatti «al Nord non sarebbe possibile realizzare un'idea del genere in luoghi dove è preponderante il peso della Lega, che difende i valori della cultura contadina»[12]. Anche per Filippo Penati del PD milanese il Sud sarebbe più tollerante della città della Madunina che, nonostante sia la metropoli europea dello Stivale, in una regione che da sola vanta il PIL più grande di tutte le regioni della UE e in termini economici corrisponde alla ricchezza di Stati come Belgio e Svezia, non va di pari passo con l'emancipazione del mondo omo. A latere infatti del Pride di giugno 2009 a Napoli ha commentato: «Milano in questi anni si sta richiudendo, non so se la Lega sia la causa o l'effetto di questo fenomeno. Ma Milano deve ritrovare la sua tradizione di città capace di battaglie per i diritti civili, mentre i governi di centrodestra la stanno trasformando da città illuminata a oscurantista»[13]. Al di là della partigianeria politica, è pur vero che il cuore della Lega batte a Nord e che la presa di Milano, da cui peraltro il Carroccio non pare lontano dopo la conquista di Piemonte e Veneto, segnerebbe una svolta culturale se il primo cittadino fosse di un partito il cui leader è convinto che, al massimo, l'unica cosa che i gay possono scambiarsi siano «le mutande» e che per purificare Verona da una manifestazione omosessuale decise di organizzare una messa con tanto di croce vandeana e t-shirt schierate e inequivocabili con la scritta: "Noi Romeo e Giulietta/ Voi Sodoma e Gomorra". Lo stesso partito che ha coniato i manifesti con la scritta "Stop ai nazisti rossi" per frenare il Consiglio d'Europa sulle adozioni dei bambini per le coppie omosessuali e che ha allestito i gazebo per dire "No! Alle adozioni contro natura" per invitare a rimanere "uniti contro la dittatura del mondo alla rovescia" e puntare il dito contro gli "sporcaccioni", altro vezzeggiativo coniato da Bossi in un comizio a Longarone, in provincia di Belluno. Ad aggiungere carne al fuoco poi, senza ricorrere alle citazioni celebri, basta sintonizzarsi su Radio Padania, rinominata da «l'Espresso» Radio Delirio per le raffiche di insulti sconsiderati a cui si lasciano andare gli ascoltatori che intervengono. Aveva suscitato scalpore infatti, a seguito della vicenda dei due omosessuali accoltellati all'uscita dal Gay Village di Roma perché sorpresi in effusioni amorose, un ascoltatore che aveva chiamato per dire: «Riguardo a quei culattoni, io sono contro l'accoltellamento, che è troppo, però due persone dello stesso sesso che si baciano sono una schifezza, quindi due calci nel culo... due calci nelle palle glieli avrei dati anch'io». Il conduttore lo lascia parlare, non interrompe, non è infastidito dall'intolleranza e nella presunta indifferenza o, meglio ancora, nella tutela della libertà di espressione, l'ascoltatore passa indisturbato senza sollevare perplessità nel successivo. Nel repertorio triviale spicca anche Stefano Galli, capogruppo della Lega in Lombardia, che nel 2009 ha spiegato di non volere aderire alla Giornata mondiale contro l'omofobia perché non classifica l'omosessualità come malattia mentale e perché, francamente, non la considera, giocando a viso aperto sul doppio senso, in un «colpo di culo»[14].

Poi c'è la giovane generazione dei Matteo Salvini che alza l'asticella di inclusione nel partito e apre ai gay, anche se il riconoscimento di adozioni e matrimoni è lontano anni luce dal progetto politico. Basti ricordare Renzo Bossi, che spavaldo e fresco di elezione in consiglio regionale della Lombardia, confessava a «Vanity Fair»: «Nella vita penso che si debba provare tutto tranne due cose: i culattoni e le droghe»[15]. Stesso vocabolario paterno. Eppure ci sono ancora omosessuali che nella Lega non si arrendono e combattono insieme a Bossi contro il nemico. Marco, ventisei anni, ingegnere di Vicenza che convive con Davide, vorrebbe ad esempio coronare il sogno di convolare a nozze che la sinistra di Prodi non ha realizzato. E, se pure finora la Lega e la destra non intendono affatto procedere in questa direzione, le priorità sono altre perché Bossi «almeno non ci toglie anche il lavoro. Tanto a sinistra cosa cambia?»[16].

Note

[1] Sebastiano Messina, *Dai gay ai mondialisti i nuovi nemici di Bossi*, in «la Repubblica», 14 settembre 2000.

[2] *Ibidem.*

[3] Gian Antonio Stella, *E il ministro Calderoli fece il macho*, in «corriere.it», 15 gennaio 2006.

[4] «Magazine», 13 ottobre 2005.

[5] Gianluigi Paragone, *Tutto cominciò misurando il pisello*, in «La Padania», 20 gennaio 2006.

[6] ANSA, 22 marzo 2006.

[7] *Carfagna: «Gay costituzionalmente sterili». Luxuria: «Inaccettabile da chi sfascia famiglie»*, in «repubblica.it», 15 febbraio 2007.

[8] ANSA, 12 marzo 2007.

[9] Maurizio Giannattasio, *«Ciapa el camel». L'ex pugile anti-immigrati idolo su YouTube*, in «corriere.it», 17 settembre 2009.

[10] Stefano Lorenzetto, *Il tour del «camel» dell'assessore*, in «ilgiornale.it», 18 marzo 2007.

[11] Diego Nannuzzi, *Gentilini (Lega):"Pulizia etnica contro i culattoni"*, in «Agenzia radicale», 9 agosto 2007.

[12] *Sgarbi: casa di riposo per gay? A Capri e Taormina sì. A Milano no, c'è la Lega*, in «corrieredelmezzogiorno.it», 29 gennaio 2008.

[13] *Gay Pride, in trecentomila per l'orgoglio. Iervolino: «È la città della Resistenza»*, in «la Repubblica», 26 giugno 2010.

[14] ANSA, 13 gennaio 2009.

[15] Sara Faillaci, *L'Italia tifatela voi*, in «Vanity Fair», 28 aprile 2010, p. 150

[16] Tommaso Cerno, *I gay tornano in piazza*, in «espresso.repubblica.it», 28 agosto 2009.

Bambini

> Le nostre sono comunità socialmente sane e con grandi e riconosciute capacità di accoglienza e integrazione che certamente non sono minimamente sfiorate da istinti razzisti seppure in presenza di un grande numero di immigrati presenti sul nostro territorio. Abbiamo affrontato e affrontiamo un fenomeno rilevante che governiamo, per quanto ci compete, con la serenità di chi sa che bisogna evitare le tensioni sociali e allo stesso tempo garantire equità di prestazioni e sicurezza urbana.
>
> OSCAR LANCINI, sindaco di Adro

Le parole di Oscar Lancini, sindaco di Adro, piccolo comune della Franciacorta in provincia di Brescia, sono foriere di buoni intenti per l'integrazione degli stranieri. Una dichiarazione simile potrebbe provenire, se già non ne conoscessimo l'autore, da un esponente del Partito Democratico o di partiti di sinistra. E invece arriva da un sindaco leghista, autore di un provvedimento sui generis – ci auguriamo – nei confronti di quaranta bambini della scuola elementare del comune di riferimento. Proprio i minori, che la politica della Lega difende a spada tratta sin dal concepimento, sono stati l'oggetto della discriminazione, questa volta basata sull'inadempienza delle famiglie per il pagamento della mensa, che ha scosso l'Italia.

L'accanimento di Roberto Cota e Luca Zaia all'indomani delle elezioni regionali in merito all'opposizione contro la somministrazione della pillola RU486 negli ospedali regionali o il parere favorevole insieme al centrodestra di Silvio Berlusconi per evitare la sospensione al nutrimento e all'idratazione di Eluana Englaro avevano fatto entrare la Lega a pieno titolo nel circolo dei difensori della vita sin dalle prime scintille. Nel caso di Eluana, Pietro Fontanini, presidente della Provincia di Udine, aveva fatto un appello al TG regionale in *marilenghe*, ovvero nel dialetto locale, affinché Eluana rimanesse a Lecco e proseguisse le cure necessarie al suo sostentamento. Barricaderi anche contro la legge, come nel caso della pillola e dello stato vegetativo, il partito dimentica però la tutela dei minori e il rispetto dei diritti, se il bilancio comunale può in qualche modo soffrire.

Due sono stati i casi eclatanti che hanno fatto molto discutere l'opinione pubblica e che hanno riguardato proprio i bimbi delle scuole elementari.

A Montecchio Maggiore in provincia di Vicenza ha avuto luogo la prima prova sul campo della Lega. Fedele al principio biblico secondo cui le colpe dei padri ricadranno sui figli, l'assessore all'Istruzione Barbara Venturi aveva deciso, in accordo con l'amministrazione comunale, di sospendere la mensa per nove bambini appartenenti ad altrettante famiglie morose. Siamo in piena crisi e in comuni del Nordest, in cui il reddito pro capite supera la media nazionale e il tasso di immigrazione è sensibilmente in aumento. Le famiglie debitrici erano state avvisate e poi, vista la morosità, l'unico rimedio per trasmettere il messaggio del debito da saldare era distribuire a quei bambini pane e acqua, mentre i compagni di classe paganti consumavano pasta alla zucca, hamburger, insalata e frutta[1]. A sua difesa, l'assessore aveva spiegato: «Abbiamo richiesto i pagamenti arretrati e la consegna dei moduli in molti modi e abbiamo anche posticipato i tempi, da settembre al 15 marzo. Prima abbiamo contattato gli inadempienti al telefono e poi sono andati direttamente i vigili a consegnare a mano una raccomandata di sollecito»[2]. Solo avvalendosi di un metodo informativo, fissando cartelli in più lingue per avvisare del "buco" generato dal 2005 al 2009 dal mancato pagamento dei 3,95 euro a pasto, in meno di due mesi il Comune era riuscito ad assottigliare la cifra mancante di centocinquantacinquemila euro, visto che alcuni non pagavano dal 2002, e a ridurre da cinquantadue a nove le famiglie morose. Ai nove debitori invece sono stati dati pane e acqua. L'opinione pubblica si è spaccata: è giusto che la mensa, che è un servizio facoltativo fornito dal Comune, sia solo per alcuni a pagamento? E come trovare altri metodi per certificare se le famiglie sono morose per necessità o perché "furbette" e incuranti di far ricadere il costo della mensa sulla collettività? Il controllo dei servizi sociali e l'accertamento delle ragioni reali che hanno portato le famiglie a essere inadempienti, avrebbe evitato la disparità di trattamento fra i bambini, per la qual cosa anche i dirigenti scolastici hanno provato imbarazzo: «È inutile che facciamo cittadinanza attiva», aveva spiegato la preside Anna Maria Lucantoni, «noi abbiamo un progetto di riciclo di pane e frutta già in atto per educare al consumo consapevole. Trovo che dare un pezzo di pane sia dispregiativo, avrei preferito che venisse detto di arrangiarsi e avremmo raccolto noi qualcosa»[3]. E alcuni bambini erano riusciti a dividere il pranzo con i compagni regolarmente paganti e a integrare acqua e pane con qualcosa di più sostanzioso. L'episodio ha suscitato reazioni sconcertate anche all'interno dello stesso centrodestra, dove il governatore in carica Giancarlo Galan ha condannato fermamente la decisione del sindaco Milena Cecchetto: «La notizia è un coltello tra le carni per me, non voglio crederci. Ma so anche che c'è stata una pronta risposta di solidarietà. E a quella affido il mio continuare a credere che il Veneto fatto di solidarietà resti in cima a ogni classifica. È un episodio che fa male. Certo, la scuola non vive epoche floride, ma è chiaro che se qualcuno è costretto a risparmiare, qualcosa succede. So che i genitori devono fare fronte a quanto dovuto, ma davvero non voglio più pensare che un'amministrazione possa rispondere così»[4]. Luca Zaia, allora ministro dell'Agricoltura e aspirante governatore della Regione, aveva preferito non esprimersi, vista l'imminenza delle urne, su un problema che aveva diviso l'opinione pubblica, ma il silenzio a fronte di un attacco simile ai minori corrisponde a strizzare l'occhio al provvedimento di Montecchio Maggiore.

Se Vicenza ha creato un precedente pericoloso, gli epigoni non si sono fatti attendere. Infatti, nonostante abbia gettato una luce oscura sulle modalità di riscossione della Lega, il metodo Cecchetto ha affascinato anche Oscar Lancini, sindaco leghista di Adro, comune di seimila anime in provincia di Brescia e quattrocento immigrati, immerso nella lussureggiante Franciacorta. Lancini si era già prodigato in una bizzarra proposta per il mantenimento della sicurezza pubblica, promettendo un premio di produzione ai vigili urbani che avessero scovato dei clandestini. Un provvedimento che Lancini rivendicava con orgoglio: nel 2006 infatti erano stati trovati quattro clandestini su ognuno dei quali il Comune aveva deciso di mettere una taglia di 500 euro. Ne sono stati trovati quattro e il premio per gli "sceriffi" ammontava dunque a 2000 euro. L'amministrazione ha infatti deciso di emulare l'esempio di Montecchio e di non distribuire il pasto scolastico ai bambini delle famiglie morose, ma in chiave ancor più drastica. Mentre nel comune veneto ai bambini veniva fornito un panino e dell'acqua, Lancini ha stabilito che durante la pausa pranzo gli alunni morosi avrebbero dovuto assentarsi per poi ritornare a scuola dopo un paio d'ore. Con questa disposizione peraltro il sindaco violava l'obbligo di frequenza del tempo mensa previsto dall'art. 1 della legge n. 176 del 2007, secondo il quale, per «le classi funzionanti a tempo pieno con un orario settimanale di quaranta ore deve essere considerato anche il tempo dedicato alla mensa». Il provvedimento di Lancini è stato recapitato in classe agli stessi ragazzi tramite una circolare in busta chiusa in cui si leggeva: «L'organizzazione scolastica non ha nessuna possibilità e risorsa strutturale ed economica per garantire agli alunni l'assistenza e soprattutto un pasto alternativo rispetto a quello fornito dall'amministrazione comunale con il servizio della mensa scolastica»[5]. I genitori morosi non erano soltanto stranieri, ma includevano anche cittadini italiani impossibilitati a pagare i 50 euro mensili. Su 12 bambini, la proporzione fra italiani e stranieri era di 1 su 4. Emblematico il caso di Ilaria Poli, madre di una bambina sospesa dalla mensa, con tre figli a carico, che per il servizio pasti della scuola pagava il doppio rispetto agli altri genitori, ovvero 100 euro, sempre pagati in forma anticipata, in quanto non residente nel comune di Adro. Anche se la signora ha dichiarato di pagare in ritardo ma sempre, per sua figlia la mensa non era più assicurata. Un caso che ha scosso le coscienze e risvegliato un forte spirito di solidarietà dal basso, derivato anche dall'indignazione per la strumentalizzazione discriminatoria dei bambini. Lancini tuttavia, soddisfatto dell'iniziativa che in poche ore aveva portato le famiglie morose da 42 a 26, aveva spiegato che l'iniziativa di tolleranza zero proveniva dai genitori dei bambini adempienti, che lamentavano di essere gli unici a dovere pagare la mensa mentre altri potevano usufruirne gratis. Oltre alla solidarietà giunta anche dalla sponda delle ACLI, disponibili a portare cibo e frutta a scuola e alla Federconsumatori, intenta a presentare un esposto alla Procura della Repubblica come per il caso di Montecchio, giunge inaspettata la donazione di 10.000 euro da parte di un imprenditore, Silvano Lancini, omonimo non legato da vincoli di parentela al sindaco, cinquantacinque anni e tre figli, «ex insegnante oggi amministratore delegato e comproprietario della SMEA, una società produttrice di sistemi informatici con sede a Erbusco»[6]. L'uomo aveva dichiarato di voler rimanere anonimo e di non voler rilasciare interviste, ma nel piccolo paese di Adro la sua privacy è durata ben poco, sgretolata dalla curiosità di conoscere chi aveva rotto il muro di silenzio intorno a una vicenda divenuta ormai imbarazzante. L'assegno con cui saldava il debito delle famiglie morose era accompagnato da una lettera anonima, inviata dalle ACLI alla redazione del quotidiano online «quibrescia.it» in cui Lancini tracciava una disamina lucida e razionale sul crescente individualismo nel Paese dove è nato e cresciuto, reso irriconoscibile perché spogliato dalla solidarietà, inghiottito dall'egoismo e dimentico dei valori cristiani. Elettore di centrodestra, come specifica nella lettera, aveva scelto Roberto Formigoni alle precedenti regionali e Silvio Berlusconi alle politiche. Lancia bordate a chi si scaglia con violenza contro gli immigrati ma beneficia del loro lavoro (*«Ho sempre la preoccupazione di essere come quei signori che seduti in un bel ristorante se la prendono con gli extracomunitari. Peccato che la loro Mercedes sia appena stata lavata da un albanese e il cibo cucinato da un egiziano. Dimenticavo, la mamma è a casa assistita da una signora dell'Ucraina»*[7]), fino ad attaccare l'atteggiamento intollerante verso chi appartiene a fasce sociali più deboli e il silenzio dei sacerdoti, disposti a barattare la difesa del crocifisso con una dose di razzismo. Quello che ha indotto Lancini "il benefattore" a colmare il debito delle famiglie inadempienti è lo spettro di una crescente indifferenza e il fastidio diffuso per chi ha di meno: segnali che potrebbero condurre al baratro. Nella lettera spiega infatti che anche la stella gialla sul braccio degli ebrei non faceva male, all'inizio; era soltanto un simbolo che ne indicava la provenienza. Ma quelli erano i prodromi della politica di sterminio nazista culminata nei campi di concentramento. Gli scenari che Lancini vede davanti a sé a fronte del gesto della mensa non sono confortanti. Si domanda dove sia quella Lega Nord che ambisce a guidare il Paese Italia, invita i rappresentanti del partito che amministra Adro a non nascondersi dietro a un dito giustificando il sindaco tra i «compagni che sbagliano», Lancini si prepara con lucidità alla strumentalizzazione politica che seguirà alla sua donazione, ma sulle polemiche prevale il senso dell'esempio che rende possibile un futuro e una convivenza con le generazioni future: «Molto più dei soldi mi costerà il lavorio di diffamazione che come per altri casi verrà attivato da chi sa di avere la coda di paglia [...]. Posso sopportarlo. L'idea che fra trent'anni non mi cambino il pannolone invece mi atterrisce»[8].

Detto, fatto. Fioriscono le polemiche sui diecimila euro donati: previsione azzeccata. Inizialmente Lancini era convinto di dover staccare un assegno ben più alto, visto che il sindaco in TV aveva dichiarato un ammanco di cinquantamila euro. La donazione è stata abilmente sfruttata dall'amministrazione locale ed etichettata quale esempio diseducativo per i furbetti morosi. Gli attacchi sono arrivati puntuali anche dal sindaco Oscar Lancini che sentenzia la sua ripicca spiegando che il problema non è stato risolto, ma solo dilazionato fino all'inizio del prossimo anno scolastico e attacca il suo omonimo accusandolo di protagonismo e strumentalizzazione politica: «Poteva fare quello che voleva mantenendo l'anonimato: saldare il debito e chiudere la vicenda. Invece ha voluto essere protagonista, insegnare la morale a tutti noi, criticando politici, preti e volontari. In alcuni casi il silenzio è veramente d'oro. La sua è stata un'azione politica»[9]. Nonostante anche da parte dei genitori paganti montassero le proteste a seguito della donazione, l'ondata di solidarietà e buon senso è stata contagiosa e si è spinta oltre i confini dell'assegno. Giuseppina Paganotti, presidente dell'Associazione genitori di Adro, responsabile del servizio pasti nella scuola, aveva ricevuto da un cittadino marocchino residente a Roma duecento euro, a cui erano da aggiungersi settanta euro da una pensionata di Chiari, un paese a quindici chilometri da Adro, e i settecento di Giovanni Piumatti, comboniano missionario in Congo che quotidianamente sfama, grazie alla carità, oltre novecento bambini. «Inviamo un contributo per pagare la mensa per un anno a uno dei tuoi-nostri bambini», aveva scritto il sacerdote. «Sono soldi che molti amici dell'Italia ci danno per l'Africa. Conoscendo bene i nostri amici sono sicuro che saranno contenti se ne invio una fetta lì, perché anche loro vogliono un mondo diverso: un mondo fatto più di ponti che di barriere»[10]. In un Paese come l'Italia che si mette in evidenza quando bisogna fare la carità oltre i propri confini nazionali, ed è affezionato e fiero sostenitore del volontariato, è paradossale il rifiuto al sostegno di alcuni bimbi esclusi dalla mensa scolastica. Il prossimo di cui parla il Vangelo, per la Lega ha la carta d'identità italiana, non è di colore, è di religione cristiana e possibilmente non ha un accento meridionale. Forse, addentrarsi attraverso i servizi sociali nelle famiglie morose avrebbe evitato tante polemiche; tuttavia il fantasma dell'egoismo e dell'isolamento delle fasce che possono contare solo su redditi bassi, è il segnale sociale che l'amministrazione di Adro ha impugnato nella circolare consegnata ai bambini in classe, vittime di un letterale "regolamento di conti" tra adulti.

Se gli episodi delle province di Vicenza e Brescia costituiscono un errore di metodo e un chiaro segnale di intolleranza latente da parte delle amministrazioni locali, dobbiamo pur ricordare che le inadempienze al servizio pasti per la Lega non sono stati gli unici episodi di strumentalizzazione dei bambini. Divenuto, almeno a livello mediatico, il simbolo della Lega più padana e radicale, il Comune di Adro si è reso protagonista di una vicenda che ha creato disapprovazione bipartisan, mobilitato singoli cittadini che si sono recati nel Comune per protestare, mostrato il volto più strumentale del Carroccio. Lo stesso sindaco della mensa negata, Oscar Lancini, ha infatti inaugurato con l'anno 2010/2011 il nuovo polo scolastico per i seicentocinquanta bambini del comune. Una scuola pubblica insomma, che sostituiva la vecchia struttura. Il nuovo polo è intitolato a Gianfranco Miglio, l'ideologo del Carroccio, lo stesso che riteneva l'Italia «figlia illegittima di una congiuntura storica particolare: ha mescolato insieme popoli che dovevano restare separati»[11]. Per Lancini Miglio è un grande statista, un uomo che ha segnato la storia del suo Paese come, ad esempio, Giosuè Carducci e Giovanni Pascoli verso i quali nessuno lancia strali di indignazione, se a loro viene intitolata una scuola. A coronare l'intitolazione dell'istituto ci sono ben settecento Soli delle Alpi che percorrono tutta la struttura. Sugli zerbini è disegnato il simbolo verde del Carroccio che fa capolino anche sui banchi (dove pare sia stato attaccato nella notte), sui cestini dell'immondizia e pure sulle vetrate, dove bimbi stilizzati si tengono per mano collegati sempre dal bel sole. I crocifissi sono avvitati al muro per evitare che qualcuno possa rubarli e per l'inaugurazione non viene sventolato il Tricolore, ma il gonfalone del Comune. Una cittadella leghista *tout court*, una prova tecnica di feudo padano con tutti i crismi della manipolazione culturale. Dinanzi alle polemiche all'indomani dell'inaugurazione, Oscar Lancini si difende: quei soli nella scuola non rappresentano il simbolo di un partito, bensì quello della tradizione di Adro e della sua storia, tant'è che sarebbero anche nella chiesa e per le strade del paese[12]. L'affermazione è stata prontamente smentita da Fortunato Ferretti, ex consigliere comunale di Adro che ha aggiunto: «Due simboli simili sono riprodotti su un edificio di via Roma e su un altro a Torbiato, ma è un fiore senza cerchio, motivo decorativo molto usato dagli scalpellini di Sarnico per la semplicità di esecuzione. Molto usato era anche il fregio decorativo dell'altare della Trinità nella parrocchiale, ma dire che è il Sole delle Alpi ci vuole una bella fantasia, lo usavano anche a Roma»[13]. Inutile poi che Adro rivendichi la proprietà storico-intellettuale del simbolo, che è di origine euroasiatica, presente in iscrizioni che risalgono al settimo secolo avanti Cristo, fiorite dall'Assiria al Perù. Per quanto riguarda l'Italia invece, è possibile ritrovarlo in Toscana e in Puglia. Altro che identità padana. Quel che è certo è che il fiore a sei petali è stato strumentalizzato da Lancini e dal Comune a scopo politico. Infatti nel 1999 l'Editoriale Nord Scarl, editore de «La Padania», registra presso l'Ufficio italiano brevetti e marchi la descrizione del logo così: «Sole delle Alpi costituito da sei (raggi) disposti all'interno di un cerchio il cui raggio fornisce la cadenzatura dell'intera costituzione. I vertici dei sei petali intersecano i vertici di un ipotetico esagono iscritto nel cerchio»[14]. Due anni dopo procede invece alla registrazione del marchio figurativo, ovvero del simbolo vero e proprio. Dopo l'effigie di Alberto da Giussano, ispirata alla statua del condottiero nella piazza di Legnano o, assai più probabilmente, copiata dalle biciclette Legnano, Lancini sperava di convincere che anche il Sole delle Alpi fosse da sempre un marchio della Padania, di quello stato immaginario che grazie ai risultati elettorali spinge oltre la linea del Po il suo confine. Intervistato da radio e giornali il sindaco ha spiegato sempre irremovibile: «Quello non è un simbolo leghista, è il simbolo del Sole delle Alpi che è sempre stato un simbolo di Adro. È un simbolo di gioia e di allegria, legittimato dalla storia e dalla cultura del paese, che è sempre comparso sulle proprietà pubbliche. La gente che camminava per queste strade nel 1600 già lo vedeva inciso qua e là. Che cosa c'entra se vent'anni fa ha cominciato a rappresentare anche un movimento politico? Non è mica una svastica!»[15], come se non capisse la portata del gesto. Nel corso de *La Zanzara*, trasmissione di attualità politica su Radio24, alla provocazione di mettere anche svastiche o falce e martello negli edifici pubblici con la sua stessa motivazione, ha risposto che, dal suo punto di vista, non ci sarebbe stato alcun problema, che se per i cittadini la scelta era condivisa non c'era obiezione. E come risponde il sindaco a quei settecento simboli del Carroccio di cui è cosparsa la scuola pubblica del paese? Per i suoi figli non sarebbe una costrizione politica, una violenza psicologica? Pare proprio di no, visto che sono iscritti alla scuola privata carmelitana Madonna della Neve, sempre ad Adro. Un caso eclatante quello della scuola leghista, che ha mobilitato i cittadini e anche fatto capitolare il ministro Mariastella Gelmini che, tramite una lettera inviata a Lancini dal direttore dell'ufficio scolastico della Lombardia Giuseppe Colosio, ha chiesto al sindaco la rimozione dei settecento soli padani. Più tenero Umberto Bossi che vira sulla mera questione numerica: il sindaco, dice, avrebbe «dovuto farne uno bello, che bastava». Mai frase fu più benaugurale per Lancini che, noncurante anche dell'invito di Giorgio Napolitano a ripulire la scuola, aveva dichiarato che avrebbe proceduto all'eliminazione solo se glielo avesse chiesto Bossi in persona. Oltre un mese di polemica che culmina però nella rimozione dei simboli di Colosio. Ma la battaglia non finisce qui, perché il sindaco ha promesso di percorrere tutte le strade legali per riavere i simboli in tutto l'istituto. Il caso, al di là dei ricorsi legali di Lancini, non può definirsi chiuso nemmeno sul profilo istituzionale, visto che anche la Corte dei Conti regionale a metà ottobre ha aperto una vertenza per l'ipotesi di duplice danno all'erario ovvero di cattivo uso del denaro pubblico, "sprecato" per l'affissione dei simboli e per la loro rimozione[16].

Il partito gioca con i valori radicali dell'identità e del territorio. Si muove tra estremismo folk e negazione dei diritti, dittatura feudale nei recinti dei comuni padani dove anche i bambini sono possibili anime da convertire inconsciamente e finge pilatesca ingenuità alla causa leghista. Se negli episodi di Adro i bambini erano la leva strumentale per dar lustro al Carroccio, in altri casi i minori, specie se stranieri, sono ritenuti elementi sociali da allontanare.

Basta ricordare Matteo Salvini, brillante colonnello emigrato dalla Camera al Parlamento europeo a seguito della pubblicazione su YouTube di un video girato a Pontida in cui era impegnato a intonare cori antinapoletani ("*Senti che puzza, scappano anche i cani/ sono arrivati i napoletani*") e capogruppo della Lega in Comune a Milano, che alla vigilia della partita Inter-Barcellona aveva lanciato via Facebook il suo personale appello alla tifoseria: «Appello agli amici interisti di buon cuore: se stasera andate allo stadio, visto che grazie al geniale Moratti prima della partita sfileranno in campo venti bambini rom sgomberati da quei cattivoni del Comune di Milano… fischiate!». I venti bambini entrati a San Siro erano stati sgomberati dal campo rom di via San Dionigi e dal Ponte della Ghisolfa, a nord della città. Poi erano stati accolti da don Virginio Colmegna alla Casa della Carità. Fortunatamente l'appello di Salvini non ha avuto successo allo stadio. Ma anche in questo caso i minori, presenze incolpevoli, erano l'oggetto del pubblico ludibrio per esprimere posizioni politiche, ansia di sicurezza e difesa del territorio.

Note

[1] Elfrida Ragazzo, *I genitori non pagano la mensa, nove bambini a pane e acqua*, in «corrieredelveneto.it», 23 marzo 2010.

[2] *Ibidem.*

[3] «Dire», 23 marzo 2010.

[4] Sara D'Ascenzo, *Bambini a pane e acqua, bufera sul sindaco*, in «corrieredelveneto.it», 24 marzo 2010.

[5] Cinzia Gubbini, *Mensa non pagata, bambini fuori dalla scuola*, in «ilmanifesto.it», 7 aprile 2010.

[6] *Adro: Silvano Lancini il benefattore*, in «quibrescia.it», 14 aprile 2010.

[7] *Anonimo benefattore paga la mensa ai bambini di Adro e attacca la politica, polemiche*, in «ilsole24ore.com», 12 aprile 2010.

[8] *Ibidem.*

[9] *«Nessuno verserà più. Gli manderò il conto»*, in «corriere.it», 16 aprile 2010.

[10] Giuseppe Spatola, *Soldi dal Congo per i bimbi di Adro*, in «Corriere della Sera.it», 22 aprile 2010.

[11] Gianni Barbacetto, *Miglio, ideologo che voleva lo Stato-mafia*, in «Il fatto quotidiano», 16 settembre 2010.

[12] Cfr. *Gelmini: via i simboli padani dalla scuola. Sindaco di Adro: dal ministro nessuna lettera*, in «adnkronos.it», 18 settembre 2010.

[13] *Nessun Sole delle Alpi nelle chiese*, in «bresciaoggi.it», 15 settembre 2010.

[14] Chiara Avesani, *La Lega ci mette il marchio*, in «ilfattoquotidiano.it», 17 settembre 2010.

[15] Francesco Cevasco, *Il sindaco: «La Lega non c'entra. Mio figlio? Alle private»*, in «corriere.it», 16 settembre 2010.

[16] *Adro, ora indaga la Corte dei Conti*, in «quibrescia.it», 15 ottobre 2010.

Donne

> È la donna che, anche nelle situazioni più disperate – e la storia passata e presente ne è testimone – possiede una capacità unica di resistere nelle avversità, di rendere la vita ancora possibile pur in situazioni estreme, di conservare un senso tenace del futuro.
>
> BENEDETTO XVI, dal sito della Lega Nord gruppo politico femminile

Le Camicie Verdi al femminile sono amazzoni combattenti e determinate schierate a fianco del capo Umberto Bossi, soldati che giurano fedeltà al loro leader. Non possono certo contare su un partito che sostiene con vigore la parità dei sessi, che si fa promotore delle quote rosa per farle entrare nelle stanze dei bottoni, ma conquistano e rivendicano i loro spazi, sempre guardinghe nei confronti dei colleghi maschi che prima, magari, le hanno incentivate a proseguire nel cammino politico e poi le hanno apertamente ostacolate. Proprio come è successo a Francesca Zaccariotto, presidente della Provincia di Venezia e sindaco di San Donà di Piave con quindici anni di gavetta alle spalle, e con l'(ex) amico e mentore Gianfranco Marcon, eletto consigliere comunale al primo mandato del 2003 della Zaccariotto. Sono donne risolute, pragmatiche, che dicono sì a un leader che, anziché promettere feste a Palazzo Grazioli o comparsate televisive, preferisce premiare e puntare «sui cavalli che sanno galoppare»[1]. Agli albori della storia istituzionale spicca nella galassia del potere leghista in rosa la castigatissima ex presidente della Camera Irene Pivetti. Poi sono arrivate la bionda Francesca Martini, sottosegretario al ministero della Salute; e ancora Rosy Mauro, la sindacalista padana che dalla Puglia è risalita fino a Milano e oggi è vicepresidente del Senato, sempre a fianco di Umberto Bossi; Carolina Lussana vicepresidente della commissione Giustizia e al centro delle polemiche sui forum dei giovani leghisti[2], quando decise di sposare il *terùn* Giuseppe Galati, deputato di provenienza democristiana, e la spartana Manuela Dal Lago. Le ramificazioni si estendono nelle radici dei piccoli centri, con le decine di amministratrici locali e consigliere cittadine che non sono meno agguerrite. Basti ricordare il primo sindaco di colore Sandy Cane o Ilaria Montecroci, giovane consigliere ventiduenne di Baiso in provincia di Reggio Emilia che, tacchi alti e linguaggio poco forbito, spiega con una certa indecisione, che non ama definirsi razzista «ma xenofoba sì», che in campagna elettorale esibiva il furgoncino della Lega davanti a casa col parcheggio e che pensa che se due lesbiche ricorrono all'inseminazione artificiale per avere un figlio allora «bisogna capire quale sia la radice del problema»[3]. Poi c'è Francesca Seganti, oggi assessore alla Sicurezza in Friuli, arruolata da Bossi in persona e candidata a ventisette anni, candidata a Trieste perché, come le disse il Senatùr, a quell'età non aveva ancora imparato a rubare. Zarine e giovani, rispetto alla media italiana, che come gli uomini di partito intercettano gli umori "di pancia" dei loro elettori, come ha spiegato la ex operaia ora parlamentare Emanuela Munerato, quando Calderoli la incaricò di aprire nuove sezioni in Abruzzo. Parlano in modo diretto e si muovono con passo rapido. Perché «noi anche quando non abbiamo niente da fare camminiamo veloci. Come se dovessimo andare sempre da qualche parte»[4].

E poi, lei: Manuela Marrone, la moglie di Umberto Bossi, che conobbe il marito nel 1982 al Gruppo filologico lombardo. Rimasta sempre nell'ombra, sia stato per amore, scelta o strategia, il 12 aprile 1984 insieme al marito, a Giuseppe Leoni, a Marino Moroni e a Enrico Sogliano firmò l'atto di fondazione della Lega Nord. Una presenza femminile circondata da un'aura di santità. Per sé ha scelto il *low profile*: lontana dai bagni di folla del Senatùr, Manuela, la maestra di origini meridionali, dice di aver aiutato il marito crescendone i figli. Fondatrice della scuola Bosina, ispirata alle tradizioni e alla conservazione del territorio, è in realtà una figura politica assai più centrale di quanto la sua assenza mediatica faccia immaginare. La Marrone rappresenta una sintesi perfetta di quelle che Cristina Giudici definisce le donne leghiste: simili alle comuniste d'antan, austere e demodé, si sottraggono volentieri al silicone e alla chirurgia plastica, sono rigide nell'applicazione delle regole che aggirano volentieri se devono sfidare la tanto odiata burocrazia. Criticano il sistema, ma se possono volgere in loro favore le dinamiche di Roma ladrona, si attrezzano. Basti osservare il finanziamento alla scuola Bosina. Come le comuniste d'un tempo, devono lottare duro per penetrare l'universo maschile che le vorrebbe fragili e manipolabili, sensibili e divorate dal senso di colpa per trascurare la famiglia in nome della politica. E invece, per loro, dal Parlamento alle amministrazioni locali, vince il pugno di ferro, il piglio decisionista e, per necessità, androgino che riesce a battere gli uomini sullo stesso campo. Insomma, se vuoi essere una leghista di successo, sii uomo. Almeno nei modi[5].

Maria Rita Busetti, sindaco di Thiene in Provincia di Vicenza, ad esempio, ha elaborato «un documento comunale che vieta qualsiasi cosa, anche sputare per terra, stendere i panni o scuotere i tappeti: più regole impongo più sono contenti»[6]. Per essere una donna considerata, nella Lega bisogna avere insomma l'aria del duro e tenere bene in vista spilletta e foulard verde con il Sole delle Alpi.

A saldare gli amministratori locali alla militanza, entra in gioco la galassia dell'associazionismo padano, gli amministratori e la militanza. Infatti, sotto l'ombrello delle associazioni padane, spicca il Gruppo politico femminile Lega Nord guidato da Carolina Lussana nel cui Direttivo, oltre a Maria Piera Pastore, Rosy Mauro e Francesca Martini compare anche Renata Galanti, presidente delle ventotto associazioni padane. A Radio Padania, dove gestisce alcuni spazi, per rimarcare l'importanza della conservazione dei popoli del Nord quando possibile si inerpica anche sui temi gastronomici: «Chi proviene dal meridione non deve integrarsi completamente con le abitudini alimentari del Nord, mentre chi appartiene a famiglie settentrionali deve tenere conto che i suoi avi mangiavano la selvaggina». Collaboratrice del ministro Zaia nella sua battaglia contro gli OGM, la Galanti dimostra nei suoi interventi da via Bellerio di sostenere *tout court* il manifesto delle donne padane. Che non rappresenta certo un modello di emancipazione, quote rosa e progresso femminista. Gli obiettivi infatti consistono nel galateo del buon costume femminile calato nel solco di un partito fortemente identitario e territoriale, dove la donna padana porta in alto la bandiera della famiglia e dell'identità. Per colei che segue il Carroccio è fondamentale «trasmettere i valori legati alla tradizione e all'amore per la propria terra» e ancora «tutelare la famiglia naturale e gli interessi morali, economici e politici della donna» oltre a promuovere una politica di servizi a suo favore. In primo piano spiccano la tutela di maternità e infanzia, la prevenzione per contrastare le violenze sulle donne e l'elaborazione di «iniziative volte allo sviluppo e alla piena attuazione delle pari opportunità nel mondo del lavoro e della società in genere»[7]. Ne esce l'immagine di una donna contemporanea che vuole inserirsi nel solco della modernità parlando anche di «pari opportunità e scambi internazionali» quando in realtà, nella Lega, pare ancora lontano un dibattito reale sulle identità di genere e il desiderio di intrecciare le esperienze con chi parla un vernacolo diverso. Figuriamoci se pure di un altro Paese. Tra le iniziative del Gruppo femminile anche lo Sportello Famiglia, un numero di telefono che funge da consultorio e che, sulla scia del motto "Ogni famiglia è un'azienda", offre consulenza gratuita dalla salute alla psicologia passando per «consigli legali, problemi condominiali e ogni altro argomento (a richiesta) a favore dei cittadini e delle loro famiglie». Tra le associazioni in rosa ricordiamo anche Donne Padane, costituita il 2 Febbraio 1998 a seguito della Consulta femminile federale iniziata nel 1993. Guidata da Ornella Callioni, moglie del presidente leghista del Consiglio comunale di Bergamo, Guglielmo Redondi, «intende difendere gli interessi morali ed economici delle donne padane e tutelare la famiglia in quanto portatrice di ruoli e valori fondamentali. Da qui la nascita sul territorio delle affiliate Associazioni donne provinciali». Spulciando tra le loro attività, vediamo che le donne padane di Lecco si dedicano alle escursioni turistiche a Villa Manzoni, organizzano i pullman per Pontida e credono nell'esistenza geografica della Padania; a Pavia invece si sono concentrate su una «mostra di hobbysti» con incassi da devolvere in beneficienza oltre a occuparsi delle selezioni di Miss Padania. A Novara invece è nata l'associazione di ispirazione manzoniana La Mondina, che «si prefigge di diffondere, attraverso le mamme e figure parentali similari, una cultura del rispetto delle idee altrui, della persona, della cosa pubblica: concetti che sembrano scomparsi, stanti gli episodi di brutalità e di violenza che avvengono quasi quotidianamente»[8].

Se già negli obiettivi dichiarati da Donne Padane, che ricalcano pedissequamente il manifesto del gruppo politico, non compaiono temi che puntino sull'emancipazione femminile, cioè che già è chiaro viene ulteriormente specificato in un post online: «l'Associazione Donne Padane non ha un profilo femminista perché lavora per la tutela della coppia, la coppia naturale maschio e femmina, che vede la realizzazione della vita nei due generi». Semplice variazione di stile quella della Lega in rosa di Ferrara ideata da Simonetta Pietrantonio, convinta militante che ogni volta che si annoda il fazzoletto verde si sente «come una suffragetta»[9]. Nel film *Occupiamo l'Emilia*[10] definisce la donna padana come «angelo del focolare» e si impegna a tramandare le ricette tradizionali e il dialetto oltre a organizzare incontri che puntano al «cuore delle donne» (che in realtà non è riferito alla sfera sentimentale quanto a organizzare veri e propri incontri con esperti di cardiologia).

Diverse le *donne colonnello* da quelle delle associazioni. Sempre amazzoni, ma del focolare, poco inclini a mettere in discussione il potere maschile. Antifemministe per conservare i ruoli tradizionali rinsaldano il concetto di famiglia e agiscono da vedette delle tradizioni. Sarà questo strano mix di pugno duro e conservatorismo che spinge a fantasticare sulle donne di Bossi, oggetti di inconfessabili appetiti sessuali. Non farà onore alla lotta politica e alle iniziative sul territorio delle affiliate, impegnate a tramandare la ricetta dei cappelletti in Emilia o a valorizzare l'immagine materna più a nord, ma *Donne padane* è anche il titolo di un film porno girato nel 2006 da Alex Antinori. Novanta minuti vietati ai minori con spezzoni di sesso amatoriale girati in casa, dove mogli e mariti sono complici, tutti coperti da una mascherina per non farsi riconoscere. Le protagoniste sono le «purosangue del Nord, attive, pragmatiche, dotate di spirito d'iniziativa, che guardano verso l'Europa e il futuro ma senza rinnegare le tradizioni che hanno reso grande quella parte del Paese che lavora e che produce. Donne che ricoprono mansioni di prestigio nelle discoteche e che sanno essere inflessibili ed esigenti se la qualità del partner lascia a desiderare»[11]. L'apparenza di integerrime matrone a difesa dei valori e della famiglia suggerisce interpretazioni voyeuristiche e trasgressive, nel Nord tanto ricco e affamato di pragmatismo, dove i club privé e i locali per scambisti sono frequentati anche da Svizzeri in trasferta e dove la prostituzione condannata in nome dei valori è un vizietto diffuso. Proprio a questo riguardo, sottolineando con ironia l'ipocrisia della Lega in bilico tra valori di facciata e trasgressione delle retrovie, il blog satirico Spinoza si è lasciato andare a innumerevoli commenti anche a seguito della battaglia della Lega contro i centri massaggi cinesi a Milano, spesso bordelli mascherati. Tra le battute più caustiche e taglienti: «La Lega contro i centri massaggi cinesi. Specie quelli in cui ti fanno semplicemente un massaggio», o ancora, «La Lega Nord si scaglia contro i centri massaggi cinesi. Milioni di leghisti pronti a reagire appena ritrovati i calzoni», fino alla provocazione più diretta: «Le "massaggiatrici" cinesi rubano il lavoro alle donne padane?»[12]. Certo, chi appare più integerrimo e conservatore tende a suscitare fantasie paradossali che possono trovare un riscontro, se non pedissequo nella realtà, certamente nell'immaginazione. Più saldi della fantasia sono invece i vani tentativi delle donne leghiste di farsi riconoscere le quote rosa o un numero dignitoso di rappresentanti politiche. Tentativo bocciato dalla Cassazione dopo le ultime politiche, in cui le leghiste di Savona avevano lamentato una scarsa presenza rosa in lista. Fossero anche uscite vincitrici, gli eletti non sarebbero comunque stati esclusi. Nella loro battaglia iniziata con Sonia Viale nel 1998, le donne padane hanno festeggiato con margherite verdi al posto delle mimose e si sono battute fin da allora affinché fosse loro riconosciuta una rappresentanza nelle liste elettorali adeguata e al loro impegno. Grazie alla Viale, anche membro della commissione Pari opportunità, l'anno successivo le militanti del Nord hanno fatto volantinaggio contro l'eliminazione della quota proporzionale nelle elezioni per la Camera dei deputati, sciorinando le percentuali di rappresentanza in rosa degli altri Paesi. Meglio astenersi dal referendum, spiegavano, visto che nel Regno Unito e in Francia, dove il sistema era maggioritario, le donne elette erano un terzo in percentuale rispetto ai Paesi con sistema proporzionale come Germania, Finlandia e Svezia. La Viale metteva in guardia le donne dal miraggio del maggioritario che contribuiva soltanto a legittimare ancor più l'esclusione delle donne dalla vita politica. E davanti al suo attivismo era arrivata *tranchant* la bocciatura della mozione per le quote rosa al congresso di partito nel 1999. Per confutare l'imprinting "celodurista", otto anni dopo, al congresso delle Donne Padane, Maroni spiegherà che un partito che ha avuto il primo presidente della Camera donna non può certo definirsi maschilista. Ma oltre alle quote rosa bocciate, che non definiscono necessariamente l'orientamento sessista del gruppo politico, il *machismo* bossiano è lo scudo per la conservazione del potere maschile, per trovare un contraltare terreno dello spirito indipendentista di Alberto da Giussano.

I colonnelli sono uomini e, anche se avanza la nuova classe dirigente verde descritta da Cristina Giudici, parliamo ancora di mosche bianche ostacolate dai colleghi maschi. A differenza delle colleghe del Popolo della Libertà, più seducenti e provocanti e con maggiori possibilità di entrare in Parlamento, come ha denunciato senza eufemismi la finiana Angela Napoli, le militanti leghiste si propongono con un look sobrio ma elegante, come può essere quello di Francesca Zaccariotto o spartano come Sandy Cane. Convincono i loro leader a essere arruolate perché dimostrano una tenacia anche nei modi insolita nel mondo femmininile, di destra e di sinistra. Spogliate di orpelli inutili, privilegiano la sostanza all'apparenza. Ma se la classe politica di queste donne emerge dai risultati elettorali, non significa che nel partito sia stato aperto il varco delle pari opportunità. Anzi. Il discorso sul corpo della donna nella Lega passa attraverso provvedimenti triviali o il concorso di Miss Padania, fino a toccare l'autodeterminazione della maternità responsabile. Nel primo caso vale la pena ricordare l'iniziativa di Gianluca Buonanno, reuccio del quadruplo incarico tra le poltrone di sindaco di Varallo, vicesindaco a Borgosesia, deputato dal 2008 e consigliere regionale della Regione Piemonte.

In veste di sindaco, già conosciuto per avere piazzato sulle strade i vigili di cartone per far rallentare gli automobilisti, il viagra gratis per i cittadini prostatici e la raccolta fondi per il santuario con lo strip tease degli assessori, nel 2007 aveva inventato un simpatico incentivo bipartisan per il peso forma. Questa la sfida: «cinquanta euro per le donne che in un mese buttano giù tre chili (quattro gli uomini), altri cento se dopo cinque mesi la bilancia conferma il risultato. In alternativa, il pacchetto bimestrale. I chili da eliminare raddoppiano così come la ricompensa in caso di mantenimento»[13]. A rivalutare la figura femminile pensa anche Miss Padania, la kermesse trasmessa da Rete4 per confermare la solidità dell'alleanza Bossi-Berlusconi, iniziata in sordina nel 1996 con la vittoria di Alessandra Broggi di Tradate e proseguita fino a oggi. Un concorso che ha rischiato anche di far saltare l'alleanza tra PDL e Lega nel Comune di San Donà di Piave, perché una tappa delle selezioni era stata fissata in concomitanza con la sagra storica dedicata alla Madonna del colera, evento tradizionale da non sovrapporre ad altre manifestazioni. Per ovviare alla diatriba il sindaco Zaccariotto ha detto di non avere nulla in contrario nel caso gli alleati di giunta avessero voluto organizzare una Miss Berlusca. Ma le ragazze che ambiscono alla fascia verde chi sono? Fedeli militanti e simpatizzanti convinte? Non proprio: sono solo aspiranti vincitrici che desiderano portarsi a casa il titolo e la *sperada* di Lucia Mondella – l'analogo leghista della coroncina di Mirigliani – e poco importa se Sara Venturi, eletta nel 1998 e oggi moglie del conduttore Milo Infante, aveva posato avvolta nella bandiera tricolore o che l'ultima Miss Elisa Migliorati ha confessato di tifare per la Nazionale italiana e di non avere le idee politiche chiare. Gesti e dichiarazioni che normalmente, fra i colonnelli e i militanti verdi, susciterebbero disapprovazione. Ma in questi casi passano del tutto inosservate. E oltre a Miss Padania anche altre due fasce, Miss Sole delle Alpi e Miss Camicia verde. Un concorso che dalla selezione alle feste padane fino alle prime edizioni si svolgeva in sordina, e che è poi approdato su Rete4 dal 2003 e quest'anno si è svolto al teatro Arcimboldi di Milano alla presenza dello stesso Umberto Bossi che, giunto a braccetto col sindaco Letizia Moratti, spiegava ai cronisti che le gambe sono quello che in una donna apprezza di più.

Ma l'attacco più duro al mondo femminile e al corpo come strumento di controllo è arrivato dopo le elezioni regionali 2010, quando i neo eletti governatori di Piemonte e Veneto, Roberto Cota e Luca Zaia, hanno imposto il veto alla distribuzione regionale della RU486, nonostante fosse stato già approvata dall'AIFA per la circolazione ospedaliera. Dopo la conquista del divorzio e della legge 194, i due tentavano di ostacolare l'introduzione della pillola, schierandosi con il movimento antiabortista e papa Ratzinger. All'indomani della vittoria elettorale infatti ventilavano l'idea di non volerla inserire nel prontuario regionale. Una presa di posizione da pura boutade ideologica: la donna che abortisce è come gli OGM da vietare. Ma in una materia disciplinata a livello nazionale e non locale, come ha spiegato pure l'antiabortista ed ex radicale Eugenia Roccella, non ci si può «appellare all'autonomia regionale solo quando conviene»[14].

I padani, nonostante spicchino casi di emancipazione femminile, preferiscono ancora immaginarsi le donne vicine al focolare, eterne romantiche alla ricerca dell'abito bianco (nonostante non vogliano ammetterlo, come pensano i maschi del Carroccio)[15] ma anche più affidabili degli uomini alla guida[16]. L'ostruzionismo all'emancipazione è ancora tutto visibile e per corrodere il machismo dei colonnelli occorre ben altro che una competente e combattiva Francesca Zaccariotto.

Note

[1] Cristina Giudici, *Leghiste. Pioniere di una nuova politica*, Marsilio, Venezia 2010, p. 9.

[2] Eleonora Bianchini, *La leghista sposa un calabrese. I lumbard: «L'è un terun...»*, in «affaritaliani.it», 8 agosto 2007.

[3] Mauro Ravarino - Paolo Stefanini, *Viaggio nell'Emilia leghista al femminile*, in «l'Unità» (video).

[4] Concetto Vecchio, *Donne leghiste al potere. Pragmatismo e identità*, in «repubblica.it», 6 aprile 2010.

[5] Cfr. Cristina Giudici, *op. cit.*

[6] Francesca Visentin, *La Lega in tacchi a spillo*, in «Corriere del Veneto», 6 aprile 2010.

[7] Dal sito del Gruppo femminile della Lega Nord.

[8] *Novara, nasce l'associazione La Mondina*, in «ilpadano.com», 11 febbraio 2009.

[9] Benedetta Pintus, *Quando la Lega è rosa*, in «parma.repubblica.it», 27 novembre 2009.

[10] Stefano Aurighi - Davide Lombardi - Paolo Tomassone, *Occupiamo l'Emilia* (è possibile vedere alcuni spezzoni del video su YouTube).

[11] Descrizione del film dal sito *Trashopolis*.

[12] Da «spinoza.it».

[13] Margherita De Bac, *Il sindaco: «50 euro a chi dimagrisce»*, in «corriere.it», 13 agosto 2007.

[14] *Pillola RU486, cresce lo scontro, Cota: mai contro la legge*, in «ansa.it», 2 aprile 2010.

[15] *Quello che le donne non dicono*, in «Corriere padano», 11 marzo 2010.

[16] *Al volante, donne più brave*, in «Corriere padano», 5 maggio 2010.

Cattolici

> La Padania deve combattere contro il sistema del nazionalsindacalismo e del nazionalclericalismo e mi sembra che la strada percorsa dalla Chiesa sia stata la strada del gambero. Adesso è arrivato il papa polacco, che ha portato la Chiesa a interessarsi molto di più del potere temporale invece che del potere spirituale. I vari casi di IOR e Marcinkus sono lì a dimostrarlo.
>
> UMBERTO BOSSI

Secondo Umberto Bossi la Chiesa ha sempre rappresentato un potere forte assimilabile ai nemici preferiti da immolare in comizio, dalla massoneria al torbido mondo della finanza mondialista. Una forza politica sotto il cappello spirituale, pronta a plasmare le menti e i cuori in nome del potere temporale. Cristiani a corrente alterna, i leghisti contemplavano due tipi di fede cattolica. Da una parte c'erano Giuseppe Leoni con i suoi Cattolici padani o la devota Irene Pivetti, che rappresentavano la linea più tradizionale e vicina al Vaticano; dall'altra parte c'era la Padania «bianca e cristiana» di Mario Borghezio, in cui la fede era uno strumento per ribadire il senso delle radici. Un cristianesimo strumentale alla propaganda quello della Lega, affezionata ai crocifissi imbullonati della scuola di Adro e contraria alla costruzione delle moschee. La mitologia della Lega, del resto, non si è mai basata sul sentimento religioso, anzi. Ha fatto forza sul mito pagano dell'iconografia legata ad Alberto da Giussano, del rito dell'ampolla che dal Monviso ogni anno attraversa le regioni del Nord, ovvero la Padania geografica, per sfociare nella laguna veneta. Tra le sacre acque del Carroccio e la fede cristiana le analogie sono ben poche. Eppure Bossi è riuscito a conquistare anche il voto dei cattolici del Nord, nonostante le profonde incoerenze sui temi di immigrazione e xenofobia e le derive razziste di numerosi provvedimenti. Ma ciò che è vero è che riesce a intercettare i sentimenti di pancia dei suoi elettori, specie di quelli provenienti dalle sacche del Veneto e della Lombardia bianca che, prima del caos di Mani Pulite, appartenevano tradizionalmente al bacino dell'ex Democrazia Cristiana. Agli elettori, più che la professione di fede di un partito, interessa la convinzione di una formazione politica in grado di conservare, mantenere la tradizione, manifestarsi come forza reazionaria per tutelare il territorio, la famiglia, i cosiddetti "valori non negoziabili". Tutela della vita in particolare.

Non importa se poi alcuni provvedimenti discriminatori contro i rom, gli immigrati o l'assegnazione dei bonus bebè remassero in senso opposto rispetto alla tradizione del solidarismo cattolico o se fin dalle radici del movimento nordista fosse profonda e netta l'idiosincrasia di Bossi contro le gerarchie ecclesiastiche. La sintesi tra la spinta reazionaria offerta dalla Lega e la proposta cattolica si sintetizza in un neomovimento di "cattoleghismo", già individuato da Adalberto Signore e Alessandro Trocino. L'espressione più concreta del nuovo cattoleghismo della Lega, fatto dello spadone di Alberto da Giussano e della sedicente difesa del recinto cristiano, è arrivato sino all'Emilia tradizionalmente rossa e cattocomunista, che ha subìto il travaso di voti dal PCI alla Lega e dove «in campagna elettorale, non era infrequente durante le omelie che il parroco desse qualche indicazione di voto. Non passavano inosservati gli annunci a fine messa per ringraziare il politico leghista che aveva ristrutturato l'oratorio, ad esempio»[1].

Eppure i rapporti di Umberto Bossi con il Vaticano e le gerarchie ecclesiastiche sono sempre stati dominati da un antagonismo profondo, in cui il Senatùr denunciava a più riprese il potere della Chiesa sui fedeli, la distanza delle gerarchie dai bisogni della sua gente, quella dissoluzione del principio di sussidiarietà alla base del federalismo. Ovviamente, per la Lega era declinato solo in chiave locale, non certamente rivolto anche a chi nella comunità entrava da poco, come gli extracomunitari tra cui, secondo Bossi, rientrava anche Giovanni Paolo II.

Già nel 1996 «Famiglia Cristiana» metteva in guardia il governo Prodi affinché preservasse il voto cattolico dall'ala estremista del movimento che intendeva strumentalizzarlo contro la pastorale della Chiesa. Infatti, già allora i colonnelli verdi parlavano di Chiesa padana, che auspicava un ritorno al pauperismo da parte della gerarchia cattolica. Ciò che la Lega della prima ora non ha infatti mai dimenticato di richiedere al Vaticano era un ritorno alle origini: già nel 1994 Giuseppe Leoni invitava il Vaticano a rinunciare allo IOR per evitare di potere essere accostato agli speculatori finanziari e ai banchieri. Tanto la Chiesa quanto Confindustria, i "vu cumprà" come Roma ladrona, erano i bersagli delle Camicie Verdi. Anche per questo, per contrapporre l'idea di una Chiesa tentacolare a una struttura pura, vicina al curato di campagna e lontana dalle sedie gestatorie, Borghezio lancia l'idea della Chiesa del Nord, una trovata ridimensionata da Bossi nello stesso periodo in cui, ricordando i contrasti con Irene Pivetti e la sua linea antisecessionista, prometteva di rimandarla in Vaticano «morta stecchita»[2]. Anche se il Senatùr tentava di volgere a suo favore l'immagine di Dio che sarebbe "federalista" «perché c'è il Padre, il Figlio e lo Spirito santo»[3], gli strali contro la Chiesa di Roma erano invettive chiare e dirette. Per lui il papa non rappresentava alcuna autorità spirituale, ma era soltanto il re di uno Stato lontano dalla sua gente. Invitava i fedeli ad andare in chiesa con il fazzoletto verde nel taschino, denunciava il nazionalclericalismo di Giovanni Paolo II, lontano dal *non expedit* di Giovanni XXIII, specie dopo avere visto che fuori da alcune chiese era stato esposto il Tricolore. Per Bossi la Chiesa cattolica è ancora una struttura di potere lobbistico, è l'altra bretella del regime, che ha definitivamente lasciato il passo alla decadenza moderna dopo il Concilio Vaticano II: «Hanno girato gli altari per dare ai preti il potere di evangelizzare il popolo. Ecco cos'hanno fatto»[4], aveva sentenziato il Senatùr che, pur di attaccare *tout court*, vestiva anche i panni del teologo. Concetti ribaditi anche nel corso di alcuni suoi interventi a Radio Padania in cui identifica il male della modernità nelle concessioni del Concilio, responsabile del cattocomunismo e punto di non ritorno per la disgregazione delle tradizioni e dei valori non negoziabili. Per dimostrare quanto i leghisti padani e cattolici fossero la base di una Chiesa che sognavano pauperista, sulla radio di via Bellerio Gianfranco Porelli, membro della Consulta cattolica presieduta da Giuseppe Leoni, leggeva *Il Vangelo del mès in milanes*, in cui si riscriveva in salsa leghista la perfetta corrispondenza tra il Vecchio Testamento di Mosè e la missione del profeta Umberto Bossi. A rincarare la dose per non perdere l'elettorato bianco anche la rubrica del *sciur curàt* [letteralmente "Signor curato", *n.d.r.*], editorialista de «La Padania»: «Tutte le domeniche vi scrive il "Sciur Curat", un prevosto del Varesotto che firma così i suoi amabili sermoni. Un altro giorno vi scrive un padre gesuita egiziano, Samir Khalil Samir, per spiegare che le moschee musulmane non sono soltanto luoghi di preghiera, ma molto di più, centrale politica e scuola d'azione. Un altro giorno ancora ecco un prete del Trentino, don Rinaldo Bombardelli, a scrivervi che "il cardinale Giacomo Biffi è un profeta e io, parroco, sono con lui"»[5]. Sono loro la "pancia della Chiesa" e i numeri sono dalla parte del Senatùr: infatti, secondo un sondaggio commissionato da «Famiglia Cristiana», già nel 1997 oltre il 30% degli elettori leghisti sono cattolici osservanti[6]. Ma quali sono le ragioni profonde che spingono i cattolici del Nord a seguire la Lega? Già allora forniva una spiegazione eloquente don Giovanni Storti, della parrocchia di San Clemente, a Valdagno, in provincia di Vicenza: «Lo Stato fa molta fatica a istituire il federalismo o cose che gli assomigliano; la nostra gente lavora, paga le tasse, e non ha niente in cambio. Non si muove niente, non si vede niente: è il ritornello di questa gente. Ci vorrebbe qualche riforma, anche coraggiosa. È vero: stanno bene.

Ma mi dicono: è frutto del nostro lavoro»[7]. E gli extracomunitari, di conseguenza, non sono altro che una minaccia al loro status, mine vaganti che puntano a tormentare il bottino conquistato con il sudore. Fino a generare reazioni lontane dal solidarismo cattolico: «C'è certamente dell'egoismo. La parrocchia ha trovato degli alloggi dignitosi per gli extracomunitari, e qualche parrocchiano mi è venuto a dire che suo figlio non può sposarsi perché non può permettersi una prima casa»[8], ricordava don Storti. La sintesi ottimale nel periodo secessionista arriva da parte di Bossi che nel 1997 a Oleggio, in provincia di Novara, dove invita la Chiesa a non occuparsi delle questioni della Padania, che non deve controllare i suoi padani «nel cesso e nel letto», che pensi a imitare il messaggio evangelico, sobri e lontani dai palazzi. Allinearsi contro l'idea di una Chiesa mondana, ipocrita, massonica e a difesa del Sud fa parte della strategia di partito per rincorrere le paure e l'avanzata della globalizzazione nel Nord intimorito, come spiegava Storti, da un vuoto politico derivato dalla scomparsa della Democrazia Cristiana e dal timore della contaminazione di altre culture. E per quel 30% vale di più la strenua difesa del crocifisso del matrimonio celtico di Roberto Calderoli o degli strali lanciati contro la Chiesa di Roma, lontana con la sua gerarchia dal consolidato sistema di valori su cui poteva contare fino a quando la DC era ancora in sella. La spiccata simpatia per il neopauperismo e l'avversità rispetto al Concilio Vaticano II ben si coniugano con il desiderio reazionario di fornire un'immagine granitica dei valori di cui la Lega si fa portavoce. Anche per questo Bossi non nega le simpatie verso la Fraternità di San Pio X di Marcel Lefebvre, scomunicato da Giovanni Paolo II nel 1988. Considerati in «comunione imperfetta con Roma»[9] i lefebvriani, alcuni dei quali aperti negazionisti dell'Olocausto, hanno contestato il Concilio Vaticano II e in particolare il principio della libertà religiosa. Nulla di meglio per la Lega che simpatizza con loro, fedeli alleati nella lotta contro l'invasore moro. Per Borghezio, loro rappresentano la tradizione e sono la nuova Militia Christi, volta a conservare la tradizione e le radici. Per questo a Bossi sembrano «persone sane». Non è un caso che padre Floriano Abrahamowicz, uno dei lefebvriani che nel 2007 aveva dato la sua benedizione per il nuovo Parlamento del Nord a Vicenza, sia particolarmente vicino alla Lega e avesse invitato il leader del Carroccio a una messa preconciliare celebrata in latino, secondo il loro rito, a Lanzago di Silea in provincia di Treviso. A latere della funzione Bossi si riscopre padano mistico e cattolico tradizionalista perché «questa messa, bella, cantata, uno la sente bene. Secondo me è stato un errore togliere questi canti perché il canto ti libera e ti trasporta in una dimensione più spirituale»[10]. Padre Floriano, convinto che le camere a gas fossero esistite «per disinfettare»[11], aveva anche recitato un rosario contro il Gay Pride a Vicenza nel 2005 a cui partecipò anche Flavio Tosi[12]. L'attuale sindaco di Verona, poi, prese le distanze da Abrahamowicz, come fecero Federico Bricolo e Luca Zaia a fronte delle teorie negazioniste.

Se il papato di Karol Wojtyla è stato accolto dalla Lega con inviti a ritornare sulla via dell'osservanza più tradizionalista, l'avvento di Ratzinger segna una svolta positiva per il Carroccio: il papa tedesco è infatti allineato su posizioni più conservatrici e irriducibili che consolidano all'occorrenza il galateo dell'identità padana. Negli ultimi mesi del pontificato di Giovanni Paolo II, il Senatùr si lancia nuovamente contro i privilegi dello Stato Vaticano – («La Transpadania mantiene non solo Roma ladrona, ma anche monsignori, cardinali e sarabande varie... Bisogna togliere l'8 per mille»)[13] – e regala al papa dizionari in milanese e in veneto dopo la sua uscita in romanesco «semo romani», rivolta ai parroci romani in udienza, che lamentavano di sentire sempre tutte le lingue dinanzi al pontefice tranne il loro dialetto[14]. Una battuta che Bossi definì addirittura «preoccupante»[15]. Ma con l'avvento di Benedetto XVI, lo stesso che nel 2009 aveva deciso di revocare la scomunica ai quattro vescovi negazionisti di Marcel Lefebvre, è l'inizio di una nuova era votata alla condivisione di valori tradizionali. L'intesa pragmatico-ideologica si concretizza anche nella commozione che assale Bossi nel giorno in cui incontra Ratzinger a Pavia, in prima fila con la moglie Mauela Marrone e i figli, è pure ammesso al bacio dell'anello. Dopo avere lanciato strali infuocati contro papi e Vaticano, si riscopre sensibile e mistico alla vista del pontefice: «È stata una grande emozione, mi sono davvero commosso: il papa è arrivato all'improvviso e quasi ci sono rimasto secco, non me l'aspettavo e non se l'aspettava neanche lui»[16]. Questa rinnovata sensibilità religiosa è emersa dopo l'ictus dell'11 marzo 2004, che secondo Giuseppe Leoni, lo avrebbe cambiato profondamente, facendo comparire anche in casa sua delle immagini sacre. Ma l'affinità religiosa prosegue anche sul piano politico: l'elettorato della Lega è legato ai valori tradizionali, è cattolico e reazionario. Combatte contro la globalizzazione e l'indebolimento dei ceti medi, ragion per cui molti parroci anche delle zone rosse si sentono sensibili alla causa leghista. Perché il Carroccio è presente sul terriorio e risponde alle domande che la sinistra, per imbarazzo e per incancrenimento della classe dirigente, non ha voluto ascoltare. Alcuni scontri degni di nota nell'era Ratzinger arrivano con l'approvazione del pacchetto sicurezza e l'introduzione del reato di clandestinità. Alle contestazioni della CEI, Bossi, come prevedibile, invita il Vaticano ad accogliere per primo i clandestini. Ma le eventuali distanze vengono colmate da incontri personali di Bossi e del figlio Renzo e di Calderoli, che si apprestano a varcare il soglio pontificio per chiarire che solo la Lega è il vero partito dalle radici cristiane. Incontrano Bagnasco e Bertone, ne escono con il proclama di avere rinsaldato i rapporti con la Santa Sede, di trovarsi in pieno accordo sui temi bioetici, dalla tutela della vita fino alla RU486, e pure con la proposta di una detax, una tassa etica sulle transazioni internazionali per aiutare i Paesi del Terzo Mondo. E secondo «La Padania», questa è la riscossa da tutte le malelingue che volevano in collisione Carroccio e Santa Sede. Gli incontri di riavvicinamento avvengono a seguito dello scandalo esploso intorno a Dino Boffo, ex direttore di «Avvenire». «Il Giornale» della famiglia Berlusconi, diretto da Vittorio Feltri, decide infatti, nel corso del meeting di Comunione e Liberazione nel 2009, di sbattere in prima pagina Boffo per una vecchia denuncia per molestie. Una boutade che aveva il sapore di una vendetta dolorosissima a seguito della presa di posizione del quotidiano della CEI contro l'immoralità delle frequentazioni libertine del premier a latere degli scandali di Patrizia D'Addario e i festini di Palazzo Grazioli. Il moralizzatore è servito e la Lega, alleato di governo, si presta a fare da ambasciatore in Vaticano issando sul vessillo le proprie radici cristiane tanto care anche a Ratzinger contro l'avanzata dell'Islam. Certo, appena l'attualità politica ritorna a parlare di clandestini si innesca, puntualissimo, il tradizionale botta e risposta tra Lega Nord e Vaticano: i primi per mandarli a casa loro, e la Santa Sede per invitare invece al dovere di assistenza verso il prossimo e alla tutela dei diritti dell'immigrato. Un can can a cui siamo ormai abituati, in cui entrambi gli attori rientrano perfettamente nel gioco delle parti, prevedibile sia per gli elettori non praticanti che per i cattolici leghisti. La Chiesa invita, *comme d'habitude*, a non chiudersi nell'egoismo e il partito dell'ampolla del Po invita il think tank pontificio ad accogliere i clandestini entro i suoi confini. Polemiche che si reiterano a ogni barcone che approda sulle coste italiane. Un botta e risposta che, data la ripetizione del canovaccio, non appassiona più gli elettori.

Lasciando da parte i refrain retorici sulla difesa del territorio, padano o nazionale che sia, in merito alla questione immigrazione, anche le battaglie etiche e la condivisione della posizione della Chiesa cattolica sulla tutela della vita hanno trovato riscontro nella battaglia a suon di dichiarazioni e pura demagogia condotta dai neogovernatori Cota e Zaia, barricaderi contro la RU486. Tuttavia rimangono aperte molte questioni sul pragmatismo della Lega che i suoi elettori votano proprio in funzione della vulgata, secondo la quale la Lega si batte contro la burocrazia centralizzata, le tasse di Roma ladrona, la disoccupazione in tempi di crisi e globalizzazione. È pur vero che per costruire l'asse con il Vaticano, alleanza in cui la destra dei cattivi costumi di Silvio Berlusconi ha fallito e in cui i centristi non riescono a far presa quanto vorrebbero, è necessario anche un allineamento ideologico sui temi condivisi e valori reazionari di cui Bossi si fa portavoce. Ma oltre a questo emerge un altro inquietante punto: «la Lega si butta sulle battaglie etiche perché non costano nulla, mentre dare una risposta ai problemi "duri e puri", quelli che impongono risorse e vera visione, scelte difficili e impopolari è la vera e alta sfida della politica. Insomma, una "conversione" che fa rima con "distrazione" per paura di non mantenere le aspettative di chi l'ha incoronata»[17]. Una su tutte: il federalismo fiscale.

Note

[1] Eleonora Bianchini, *L'avanzata della Lega Nord nell'Emilia rossa. Il* PD *minimizza ma perde consensi*, in «ilfattoquotidiano.it», 6 settembre 2010.

[2] ANSA, 22 agosto 1996.

[3] ANSA, 10 settembre 1996.

[4] ANSA, 16 agosto 2003.

[5] Sandro Magister, "*Padania" cattolica: Siamo noi la pancia della Chiesa!*, in «chiesa.espresso.repubblica.it», 15 marzo 2001.

[6] Francesco Anfossi, *Viaggio tra i cattoleghisti divisi tra la messa e il dio Po*, in «Famiglia Cristiana», 17 settembre 1997.

[7] *Ibidem.*

[8] *Ibidem.*

[9] Francesca Basso, *Bossi a messa dai lefebvriani: «Mi liberano con i loro canti»*, in «Corriere della Sera», 10 settembre 2007.

[10] *Ibidem.*

[11] *Prete lefebvriano: «Camere a gas per disinfettare». Ma la sua comunità: «Posizione personale»*, in «repubblica.it», 29 gennaio 2009.

[12] *Tosi «scarica» il prete dei raduni leghisti*, in «L'Arena», 1 febbraio 2009.

[13] Livia Michilli, *Attacco alla Chiesa, scoppia il caso Bossi*, in «Corriere della Sera», 1 marzo 2004.

[14] *Il papa: «Volemose bene. Semo romani»*, in «corriere.it», 26 febbraio 2004.

[15] *Bossi all'assalto: cardinali a piedi nudi*, in «corriere.it», 29 febbraio 2004.

[16] Gian Guido Vecchi, *Il papa: la vita va difesa. Bossi commosso*, in «Corriere della Sera», 23 aprile 2007, p. 19.

[17] Alessandro Russello, *Se la strada è in salita meglio darsi all'etica. A quando le vere sfide?*, in «corrieredelveneto.it», 3 aprile 2010.

Comunisti

> Sono contrario a tutti i democristiani, i socialisti e i comunisti. Li conoscemmo e combattemmo perché erano grandi ladri e farabutti.
>
> UMBERTO BOSSI

La Padania è verde, non rossa. Umberto Bossi e i suoi non hanno mai nascosto che tra i nemici da annoverare e contro cui la Lega doveva combattere ci fosse anche il fantasma rosso comunista. Eppure, tra le passioni giovanili di alcuni esponenti di punta, fanno capolino proprio le simpatie per gruppi della sinistra radicale. Solitamente identificata con lo spettro infausto dell'assistenzialismo statale e difesa dei lavoratori nullafacenti, la sinistra e i comunisti rappresentavano per la Lega un insieme di pratiche da abolire in favore di una maggiore responsabilità delle amministrazioni sociali. Il modello anticomunista insomma, prendeva come punto di riferimento le cattive abitudini legate alla dimensione pubblica piuttosto che i governi locali tradizionalmente efficienti delle regioni rosse, che per prassi e tradizione hanno sempre conseguito risultati invidiati da altre regioni virtuose. Basti ricordare che Emilia e Toscana, nei settori dei servizi al cittadino, inclusa la sanità, hanno dimostrato di saper applicare modelli esemplari in ambito nazionale. Il comunismo contro cui si scaglia la Lega corrisponde dunque a un concetto stereotipato riconducibile all'idea di statalismo esasperato. Proprio quello che il Carroccio, prima con la secessione e poi con il più moderato federalismo, si è prefissa di combattere.

E la guerra all'ideologia della sinistra è un obiettivo recente delle battaglie politiche di alcuni esponenti di punta del partito, a partire da Umberto Bossi, seguito da Roberto Maroni, Mauro Manfredini e Matteo Salvini, che hanno tutti background politici nell'area politica che oggi combattono a viso aperto.

Umberto Bossi ad esempio, qualche anno prima di essere folgorato sulla via dell'autonomismo da Bruno Salvadori, leader dell'Union Valdôtaine, si era iscritto nel 1975 al Partito Comunista nella sezione di Verghera, una frazione di Samarate in provincia di Varese. I registri parlano chiaro e il suo nome compare, a fianco di quella che era la sua residenza, tra i nomi di altri due compagni, Franco Bonafin e Giampiero Bassani. Al partito aveva dichiarato anche di essere medico, nonostante non si sia mai laureato. Se nel 1975 decise di fare la tessera del partito, l'anno prima era stato immortalato da due fotografi di Varese, Sergio Bartolini e Massimo Soncini, mentre posava insieme ad altri dieci ragazzi davanti a un gazebo con la scritta "Cile libero". Braccio teso e pugno chiuso, aveva organizzato con i compagni una mostra di quadri per raccogliere fondi a favore delle vittime di Pinochet[1]. Per quanto Bossi non abbia mai ammesso il suo tesseramento, anche la CIA si era informata a suo tempo sulle frequentazioni politiche del Senatùr, prima dell'entrata in scena con la Lega e aveva scritto: «Bossi è stato attratto dalla politica sin da giovanissimo, partecipando al movimento studentesco di sinistra del 1968. In seguito ha militato in rapida successione: nel gruppo comunista de "il manifesto", nel partito di estrema sinistra PDUP, nell'associazione dei lavoratori cattolici di sinistra Arci e nei Verdi»[2]. Sulla vicinanza al movimento studentesco sarà lapidario: secondo lui infatti il '68 «ha distrutto il radicamento nel territorio, nel gruppo sociale, tra i figli»[3]. Una disgregazione che per lui rappresenta la sinistra contro cui lottare in nome della sussidiarietà e del federalismo, per la conservazione dei valori e delle identità territoriali.

Tra gli ex rossi, anche l'attuale ministro dell'Interno Roberto Maroni, fedelissimo di Bossi fin dai primi passi della Lega. A sedici anni Maroni era già militante dei marxisti-leninisti di Varese, per poi sposare la causa di Democrazia proletaria, il movimento di Mario Capanna. La fascinazione per la sinistra radicale durerà fino al 1979 e tre anni dopo, insieme a Umberto

Bossi e Giuseppe Leoni, fonderà la Lega autonomista lombarda, crisalide della Lega Nord. La militanza a sinistra ritorna come comune denominatore anche in Mauro Manfredini, capogruppo in consiglio regionale dell'Emilia Romagna, che nel 1990 si inventò la sigla dei Comunisti padani. Ex commerciante, prima uomo di lotta e poi di governo, Manfredini è nato a Modena nel 1942 e da quando aveva quindici anni militava nel PCI. Spirito emiliano, arroccato a quel comunismo rosso che aveva fatto della tutela della propria tradizione il baluardo per affrontare le sfide politiche ed economiche dei tempi moderni, dove il sistema delle cooperative rigorosamente rosse garantiva una buona qualità di vita ai cittadini e livellava le disuguaglianze in nome di un solidarismo vicino anche alla Chiesa. Non a caso, proprio quelle regioni sono diventate cattocomuniste, una formula di cattolicesimo pragmatico e pratica politica rossa di cui beneficiava l'intera comunità. Nel 1990 Manfredini decise di prendere penna e francobollo e indirizzare a Umberto Bossi quello che per lui era il simbolo del movimento leghista declinato in salsa emiliana, ovvero comunista. Correva il periodo in cui Bossi aveva chiesto a Maroni di stilare l'elenco «con tutti i movimenti che avrebbero fatto parte dell'atto costitutivo della Lega: c'era la Liga Veneta, la Lega Lombarda, il Piemont Autonomista, l'Uniun Ligure, l'Alleanza Toscana, la Lega Toscana, il Movimento per la Toscana e la Lega Emiliano-Romagnola. Mancava solo qualcuno che presentasse una lista di "chiara appartenenza di sinistra", come ripeteva con una certa insistenza Bossi a Maroni»[4]. E per chi pensa che l'accostamento tra comunisti e leghisti sia del tutto improprio, scioglie i dubbi lo stesso Manfredini, ex militante anche della FGCI, che inviò la sua proposta di inserire la falce e martello, a chiarire le idee: «Mi basta pensare a Lenin: nel 1923 fu proprio lui a teorizzare l'autodeterminazione dei popoli. Se poi la Russia ha messo da parte questa sua intuizione e non l'ha realizzata... mica è colpa mia», spiegava nel 1997[5]. Manfredini aveva portato nella Lega un insieme di punti di vista tipici del comunismo nella sua declinazione padana, che rimarcava posizioni leghiste. Il comunismo che intendeva lui e che si proponeva di portare nella Lega non era la prassi assistenzialista della Rifondazione di Bertinotti o il limite delle trentacinque ore. Si trattava piuttosto di trovare una via di sopravvivenza efficace alle piccole e medie imprese, che tuttora rappresentano il tessuto del comparto industriale emiliano, e verso un controllo sull'afflusso indiscriminato degli immigrati, proporzionato alla domanda di lavoro del territorio. Quindi, dal rosso comunista non si poteva passare al verde leghista. Manfredini pensava di proporre un mix dei due. Bossi, quando ricevette il simbolo dei comunisti padani, convocò Manfredini e, severo, gli chiese se avesse sentito che il Muro di Berlino era caduto. «"Mi sembra di aver visto qualcosa alla televisione", gli rispose Manfredini che ottenne il permesso di presentare la lista. Qualche giorno dopo fu Maroni a sgranare gli occhi, quando depositarono il simbolo: "Ma pure la falce e martello rossa ci volete?". "Si capisce"»[6]. Capolista di questo gruppo di sinistra per le elezioni del Parlamento padano del 1997 era Matteo Salvini, consigliere del Comune di Milano fuggito a Bruxelles dopo l'esplosione del caso dei cori antinapoletani di Pontida del 2009. Leader della falce e martello verdi, Salvini, come Manfredini, ha cavalcato le zone grigie su cui la sinistra ha glissato. Parliamo di difesa del territorio, dell'italianità e del diritto al lavoro e alla casa per i lavoratori, prima degli italiani e poi degli stranieri, che erano battaglie condivise anche ai tempi dei comunisti italiani. La sinistra ha taciuto negli ultimi anni sui problemi a cui la popolazione chiedeva di rispondere, dinanzi a un panorama di globalizzazione che moltiplicava l'insorgere di domande e la relativa urgenza di risposte. E se la sinistra nicchiava, allora i comunisti padani, in comunione con il loro partito, sfruttavano le praterie che si aprivano davanti a loro. A suon di demagogia, urla e boutade che, tuttavia, li rendevano tangibili. Basti pensare al delitto di Novi di Modena, in cui un pachistano, apparentemente integrato nella comunità locale, ha massacrato la moglie che si era rifiutata di imporre alla figlia un matrimonio combinato. Con il corpo ancora caldo, il tandem Alessandri-Mànfredini si è presentato sul luogo del delitto, sfoggiando la consueta litania dell'integrazione impossibile. Allo stesso modo, nel quartiere Braida di Sassuolo, occupato abusivamente da immigrati e al centro di una *querelle* di ordine pubblico, i leghisti si sono presentati più volte dinanzi agli stabili del degrado. Sono scesi tra i cittadini infastiditi contro il degrado e con loro hanno instaurato un dialogo, mentre il Partito Democratico – che sul territorio raccoglie ancora la maggior parte dei voti – ha dimenticato quanto fosse dirimente per il presente politico e amministrativo essere a contatto con gli elettori e consumare le suole delle scarpe. Proprio come facevano i vecchi "compagni". Un altro punto di convergenza tra Lega e comunisti lo si ritrova nello spirito tutt'altro che moderato verso la religione cattolica. Su questo punto Manfredini era stato molto chiaro, confermandosi un mangiapreti DOC: per lui il rinnovo del 1984 del Concordato, da parte di Craxi, non fece altro che addebitare agli italiani seicento miliardi l'anno per pagare lo stipendio dei sacerdoti. Per lui, quei soldi avrebbe dovuto pagarli il Vaticano, senza scaricare lo stipendio dei suoi "dipendenti" sui contribuenti di un altro Stato.

Salvini invece, preferisce esaminare l'aspetto opportunistico dei religiosi, anche loro banco di prova per il proselitismo: infatti, diceva di averne convertiti «dieci tra suore e frati del mio quartiere al federalismo»[7].

E la matrice comunista della Lega è evidente anche nelle tradizionali regioni rosse, come Emilia Romagna, Marche e Toscana, dove alle ultime elezioni regionali il Carroccio ha registrato un importante aumento di consensi. Nella terra rossa dell'Emilia, la Lega ha addirittura conquistato in regione oltre il 10% dei voti in 308 dei 348 comuni e si appresta anche a presentare il suo uomo di riferimento alle prossime elezioni del Comune di Bologna. Prendere Palazzo D'Accursio significherebbe estendersi oltre i confini naturali della Padania, lo Stato verde che, a seconda dei successi elettorali, si estende sempre più a sud. Se prima infatti si limitava rigorosamente alle regioni del Nord, oggi si spinge al di sotto della linea del Po e oltre gli Appennini, fino a includere le Marche con quella Valmarecchia secessionista che è passata compatta dalle province di Pesaro e Urbino alla più vicina Rimini. Ma il comunismo padano è un argomento valido soltanto per le regioni rosse: ammiccare con una retorica vagamente leninista all'elettorato tradizionalmente democristiano e di centrodestra, dalla Brianza al Veneto, avrebbe poco successo. Eppure Bossi aveva intuito la trasversalità del suo movimento nelle declinazioni territoriali e politiche che più si avvicinavano all'elettorato locale. Un fiuto indiscutibile e un'antica appartenenza che pubblicamente, come la sua tessera del partito comunista, ha sempre rinnegato.

Fin dai primi anni Novanta infatti, quando il Nord dei movimenti indipendentisti regionali era ancora lo zoccolo duro dell'elettorato, aveva sempre dissipato qualsiasi dubbio o perplessità sulla sua volontà di divenire un nuovo leader della sinistra, visto che, già allora, erano visibili punti di analogia e comunanza. Sin dal 1994 la Lega si era alleata con le forze conservatrici e liberali del centrodestra, con Alleanza Nazionale e Forza Italia. Bossi spiegava che il suo partito era una forza popolare e quindi laburista, alleata con forze conservatrici per realizzare il liberismo. La differenza però, era sostanziale: infatti i due alleati sostenevano i monopoli privati, mentre la Lega era a favore dell'azionariato popolare.

E per dirimere ogni equivoco, Bossi si lancia, negli anni successivi, in invettive nette e impietose contro la sinistra e la equipara a una sorta di «nazismo rosso sorto dall'alleanza con banchieri e massoni»[8], che punta alla distruzione della famiglia tradizionale e ad accogliere gli immigrati dimenticandosi dei problemi dei cittadini italiani. Quello che infastidiva il Senatùr era anche la sinistra "piaciona", quella dei salotti di Bertinotti e degli yacht di D'Alema, lontana dalla sobrietà della politica dalla parte dei lavoratori (e delle loro pance). Come per il Vaticano, la sinistra che piace a Bossi è quella pauperista, quella del pugno chiuso e del gazebo del 1974. O meglio ancora quella di Mauro Manfredini, figlio del comunismo di lotta e di governo, ormai smarrito nello status quo di un partito a vocazione maggioritaria che non riesce più a difendere la sua (ex) base. La Lega si appropria di baluardi tradizionalmente di sinistra e risponde alle domande pressanti della globalizzazione. I comunisti padani ci sono, e sono tanti dal Po in giù. Ma al Nord il rosso è un colore (e un argomento) da bandire. Tant'è che per Roberto Bet, sindaco di Codognè, in provincia di Treviso, anche le rose rosse delle aiuole del paese sono da estirpare. Meglio mettere al posto loro i sassi del Piave. Se quei fiori fossero stati verdi, avevano detto alcuni cittadini, sarebbero rimasti al loro posto.

Note

[1] Alessandro Trocino, *Quando Bossi era il compagno Umberto*, in «Corriere della Sera Magazine», 4 settembre 2008, pp. 63-65.

[2] *Ibidem.*

[3] *Ibidem.*

[4] Claudio Cerasa, *Falce, carroccio e martello*, in «ilfoglio.it», 14 febbraio 2009.

[5] *Manfredini, comunista lumbard: Lenin m'avrebbe capito*, in «Corriere della Sera», 26 ottobre 1997.

[6] Paolo Stefanini, Mauro Ravarino, *Emilia "verde": la video-inchiesta*, in «unità.it», 11 maggio 2010.

[7] Maurizio Giannattasio, *Salvini, leghista-comunista: ho «convertito» 10 religiosi*, in «Corriere della Sera», 26 aprile 2008.

[8] ANSA, 13 agosto 2000.

APPENDICE

Live da Pontida 2010

> Non basta contrastare la sortita propagandistica, ma occorre anche essere capaci oggi di far capire che essere italiani significa riconoscersi in alcuni valori non trattabili che sono alla base di un'identità di un popolo. [...] Bisogna stare attenti a non derubricare le affermazioni della lega come sortite goliardiche fini a se stesse.
>
> GIANFRANCO FINI

Fitta, costante, si insinua nelle ossa. Al 26° raduno di Pontida piove.

10:34. Arrivo a Pontida da Bergamo su un treno regionale con poche carrozze, che si addentra nelle valli. Il controllo del biglietto, preventivo, viene fatto prima di salire a bordo, sul binario.

Il palco del comizio, degno di un concerto rock per dimensioni e impianto, guarda il costone verde Irlanda, dove la sezione leghista della Valtellina ha pensato di sfoggiare il suo striscione e di guadagnarsi il posto al sole nella visuale del Senatùr, quando dal palco griderà ancora una volta "Padania libera".

Alcune bandiere tricolore sventolano, bagnate, dai balconi delle case, sulla statale: non si tratta di un rigurgito di orgoglio nazionale, ma di quanto rimane del raduno nazionale degli Alpini. Qualche immigrato di colore si aggira guardingo nell'area tra la stazione e il prato. Non parla con nessuno, si tiene a distanza dai militanti, tutti rigorosamente col fazzoletto col Sole delle Alpi al collo, l'impermeabile verde distribuito nello stand della Guardia Nazionale Padana, muniti di stivali di gomma in preparazione di un week end di passione politica ma, soprattutto, di fango e pioggia. Uno di loro viene dal Senegal. Gli chiedo cosa pensi del raduno. Parla sottovoce: «La gente qui ha la mente chiusa, crede che il mondo sia Bergamo, non vede oltre. Per stare tranquillo, io non parlo con loro e loro non parlano con me». Chiarissimo.

Imponenti i numeri annunciati da «La Padania» per questa edizione: attesi cinquantamila partecipanti e duecento pullman che andranno a scontrarsi con una realtà ben diversa, complice innegabile il maltempo. Cifre che scaldano i motori della base e rinvingoriscono il senso ideale di pompositià del sedicente impero padano. Se i numeri non dimostrano le intenzioni, allora basta guardare alla statua di polistirolo di Alberto da Giussano, alta dieci metri e piazzata alla sinistra del palco. A colpo d'occhio non arriva alla metà, marrone ambrata con la luce riflessa. La rappresentazione del condottiero della Lega d'antan esibisce fattezze da statua greco romana un po' imbolsite, polpacci e avambracci a metà tra Ercole e gli uomini di Botero, mentre la spada punta al sacro prato. Una distesa verde, comprata zolla per zolla dai militanti per sottrarla a dei progetti edilizi. Barricate e sottoscrizioni per mandare in fumo il progetto delle sei palazzine che nel 1997 un'immobiliare voleva costruire. Niente case, ma un supermercato lì a fianco, il Penny, si è fatto[1].

Il cuore del raduno è il campeggio. Nel parco intitolato "Sole delle Alpi", preceduto sulla soglia dal disegno del simbolo fatto di sassi bianchi e neri, sono stati allestiti gli stand delle sezioni leghiste suddivise per regione. Più o meno. Infatti l'Emilia ha un gazebo separato dalla Romagna e vorrebbe confini diversi anche a livello geografico. Andava in questo senso, infatti, la proposta di legge di Gianluca Pini, già autore della "secessione con successo" dei comuni della Valmarecchia. Ma anche «perché in Romagna le strade sono migliori», spiega un forlivese alle prese con il montaggio dello stand. Veneto, Piemonte e le sezioni lombarde si preparano alla serata: i ragazzi, tanti del Movimento Giovani Padani (MGP), altri semplici simpatizzanti, montano le tende per il rave di provincia che trasformerà per una notte Pontida nella Woodstock delle valli di Bergamo, tra fiumi di alcol padano, bandiere della Catalogna e dei Paesi Baschi e la birra, «venduta per autofinanziamento» dalla sezione di Carugate. Cinquecento bottiglie a tre euro e cinquanta l'una e, per chi chiede la tripletta, prezzo arrotondato di dieci euro. Le tende sono montate, le birre si stappano dal primo pomeriggio. Nell'area campeggio ognuno porta la spesa da condividere su una griglia e per tutta la notte. Anche i gonfaloni del MUP, il Movimento universitario padano, sporgono dagli stand con la loro bandiera di San Giorgio e le immagini scontornate del duomo della città di provenienza, affiancate al sempreverde Alberto da Giussano. Poi spuntano i banchetti dell'associazionismo DOC, dai suoi Ciclisti, le ruote coperte dal tondissimo Sole delle Alpi, all'Umanitaria fino ai Cattolici padani di Giuseppe Leoni. Pittoresco e delirante lo stand dei fan di Mario Borghezio che su una camicia verde hanno stampata la sua faccia e vendono il "Vino dell'Indipendenza". Ricerca forsennata di gadget per i convenuti: dalle penne color padania del MGP di Bergamo (o "Bérghem" come preferisce scrivere «La Padania»), fino alla t-shirt del divieto di transito con Giuseppe Garibaldi, su sfondo bianco e la scritta in nero: "...CAZZI TUOI MAI...?!?".

Orgogliosa della memorabilia pop, Monica, militante della bassa bergamasca fra Treviglio e Caravaggio, si avvicina e dice: «Hai visto? Queste le ho fatte io». Ha ventuno anni, da quando ne ha quattordici frequenta i Giovani padani. «Altro che Roma al centro di tutto. Noi abbiamo anche tradizioni e cultura diversa, arriviamo dai longobardi e dai celti e l'unificazione è stata una forzatura storica. La Lega mi piace perché è un partito meritocratico». E sull'elezione di Renzo Bossi, allora? «Eh va beh, lui se l'è prese le preferenze». Sì, ma gli elettori hanno votato il brand "Bossi", non Renzo, dietro alla preferenza. «Guarda, se devo dirti la verità, a me non piace perché io faccio la militante da quando ero alle medie e vederlo in Consiglio regionale mi sembra troppo. Io sì che ho fatto la gavetta, a partire dalla circoscrizione. Avesse cominciato anche lui così, sarebbe stato meglio». Mentre finisce la frase, mi passa accanto un ragazzo vestito da guerriero celtico, due righe verdi dipinte in faccia e un Sole delle Alpi tatuato sul collo. Dice: «Guarda che ti vengo a cercare se sei comunista». In sottofondo musica dalle casse e *vuvuzelas* dal campeggio, che andranno avanti tutta la notte. Oltre alla t-shirt antigaribaldina, a dieci euro ce ne sono altre rigorosamente contro la sinistra ("Grazie a Dio in famiglia non abbiamo comunisti") e Gianfranco Fini ("Facciamola Fini-ta", con divieto d'accesso simil Garibaldi), oppure impermeabili patriottici della Padania con la scritta "Mameli amato per legge, *Va' pensiero* amato e basta" e refrain di orgoglio bossiano ("Grazie mamma di avermi fatto bello, sano e padano" e "Padania is not Italy"). Ma c'è anche la possibilità di pacchetti omaggio dallo stand dell'Emilia, dove maglietta più elmo celtico si portano a casa per quindici euro. E se ci si vuole attardare sotto il tendone per un po' di grigliata mista, si fa pure autofinanziamento. Memori del successo delle felpe FIAT di Lapo Elkann, i veneti ne indossano orgogliosi il clone regionale, come farà Zaia sul palco il giorno dopo, dove "VENETO" sostituisce il brand blasonato. Per spirito di militanza i più temerari e *fashion addicted* del campeggio, in barba al fango, indossano Crocs verdi, in tinta con fazzoletto al collo, felpa e impermeabile. E se non sei veneto ma hai la felpa, la scritta d'obbligo è "Padania", che riprende il font e lo stile delle felpe made in USA.

Ma i gadget più gettonati sono quelli che riguardano Renzo Bossi. Il 2010 è l'anno del suo debutto in Consiglio regionale, un incarico che si aggiunge al ruolo di team manager del Padania Calcio. Per lui hanno stampato le magliette con un marchio indelebile: la Trota. E allora, visto che l'epiteto e la memoria di chi lo conosce è indelebile, tanto vale scherzarci su: dieci euro ciascuna e il ricavato in beneficienza per comprare il pesciolino stilizzato sulla maglietta bianca con zazzera nera e ricciolina. Segni inequivocabili, è proprio lui.

Lì di fianco, al supermercato una fila di cappucci verdi esce dal Penny con pesanti buste di plastica cariche di salamelle, pane, salsiccia e alcol. Una festa di paese a tutti gli effetti, con il risvolto giovanilistico della vigilia, ma guai a svenderla come sagra di paese: «No, è un'altra cosa, qui siamo tutti di paesi diversi», spiega la volontaria con accento bergamasco alla cassa del tendone-bar, dove al posto della Coca Cola hanno solo Pepsi («Va bene lo stesso?», chiedono) il sorriso a trentasei denti e un retrogusto amaro davanti al mio paragone azzardato. Distribuisce scontrini verdi e bianchi per ritirare panini col salame, fette di torta, polenta e cotechino a prezzi decisamente più popolari rispetto alle feste democratiche. Due signore di Vercelli con lo smalto verde, truccate *ad hoc* ma provate dal maltempo sono alla compulsiva ricerca di gadget. Un signore, malinconico e orgoglioso mentre fissa negli occhi l'Alberto da Giussano di polistirolo, sente l'accento emiliano e si avvicina: «Ho conosciuto un uomo di Modena che mi ha detto: "Voi della Lega siete un partito vincente. Siete come il nostro vecchio partito comunista, per quello prendete tanti voti"». Davanti alla statua intanto posano giovani militanti e adulti, sorridenti, con le dita in segno di vittoria. Alcuni ragazzi si avvicinano con le spade laser di *Star Wars*. Benché sia meno evocativo e ancora spoglio, alcuni preferiscono dirigersi direttamente sotto il palco, davanti alla scritta "Fratelli su libero suol" o a quella sul muretto "Padroni a casa nostra". Se poi, nell'emozione dello scatto, si abbozza il saluto romano, si passa inosservati. Una risata seppellisce gli eventuali imbarazzi che, semmai, sono solo della stampa. In sottofondo la colonna sonora alterna il *Va' pensiero* del *Nabucco* e quello reinterpretato dalla voce della Lega, Zuleika Morsut, classe 1989 e Miss Camicia verde 2007, che lo riproporrà il giorno dopo al fianco di Bossi insieme a Fabio Valenti. Escono dalle casse *We are the champions* dei Queen (inno per celebrare la Padania campione del Mondo), Blink182, Prozac+, Nickelback e Davide Van de Sfroos, amatissimo anche a sinistra. Se non fosse per i costanti richiami verdi dell'abbigliamento, potrebbe essere un raduno rock. Bestemmia libera in tutto il campo, che i giovani padani usano spesso come intercalare senza batter ciglio tra un sorso di birra e un tiro di sigaretta.

Sotto i gazebo, al riparo dalla pioggia, i veneti sono i più duri: non si contano i cori a ripetizione che inneggiano alla secessione o la versione di *O Bella ciao* rivista in chiave leghista. «Umberto Bossi, portami via, che mi sento di morir», cantano i ragazzi mentre dal parcheggio scaricano gli zaini e si affrettano a montare le tende. Si abbozzano comizi gridati sotto i fumi dell'alcol: «Terroni di merda! Devono andare via», «Ste moschee del cazzo con noi padani non c'entrano niente!», «Siamo celti, mica napoletani» e ci si addentra anche in alcune questioni di politica locale («Oh, io a Maranello il muro ce lo voglio contro gli immigrati»), senza intenzione di avviare riflessioni politiche più articolate. Sui manifesti, invece, più educati dei cori, il cavallo di battaglia è il federalismo, che riaccende i fuochi della secessione perché, come dirà il giorno dopo Calderoli, se non si fa «la nave prima di affondare si spezza. A buon intenditor poche parole».

Insomma, da nessuna tenda si sente "federalismo", ma solo un gran echeggiare di "secessione". Le intenzioni e lo spirito dei militanti lasciano pochi dubbi sull'obiettivo più galvanizzante del Carroccio, che non è certo il dialogo moderato all'interno delle forze della maggioranza. Non si discute del delicato gioco di equilibri tra Popolo della Libertà e Lega; quel che è certo è che «Fini deve scegliere da che parte stare» e che «la Lega se vuole qualcosa lo ottiene». Sono dinamiche troppo impaludate nel sistema centralista di Roma ladrona, quelle che vorrebbero un ragionamento politico più articolato. Gli slogan dal campeggio tuonano senza tabù, finché le TV non si mettono di mezzo. All'ingresso del campeggio, sabato sera, sono state fermate le telecamere di Alessandro Sortino di *Presa diretta*, RAI Tre. Troppo pericoloso per l'immagine del partito mostrare i ragazzi alle prese con qualche bicchiere di troppo e quei cori molesti che invocano la secessione, l'eliminazione *tout court* degli immigrati e dei meridionali. Matteo Salvini ricorda bene cosa si azzardò a cantare la notte della vigilia di Pontida 2009, ripreso dal cellulare di Gabriele Casagrande, giovane collaboratore della «Gazzetta di Modena», e caricato su YouTube. Il coretto «senti che puzza scappano i cani, sono arrivati i napoletani» gli è costato il seggio alla Camera. Salvini, eletto anche in Europa, decise – non proprio sua sponte, vista la furia di Bossi nelle retrovie – di optare con ostentata naturalezza per la poltrona a Bruxelles.

A Pontida emerge la doppia faccia del partito. Le telecamere non entrano la sera per evitare spiacevoli *déjà vu* e motivi di imbarazzo. Il timore nel campeggio diventa palpabile fra i gruppi dei Giovani padani quando si sussurra che alcune giovani *Iene* si sarebbero camuffate per infiltrarsi e riprenderli alle prese coi cori razzisti. E non sarebbe la prima volta. «Siamo già andati su *Striscia la notizia*, non vogliamo che anche quest'anno vada così», mi spiega con la birra tra le mani un giovane del MUP del Piemonte. «Se ci riprendono così, ci fanno perdere voti», conclude, stoppato da una giovane collaboratrice di Roberto Cota. «Non è così come dice lui, è solo che veniamo strumentalizzati». Alla sola vista di un taccuino, mentre chiedo alla sicurezza perché le telecamere non siano potute entrare, un nugolo di militanti veneti, tutti rigorosamente in felpa simil FIAT, mi accerchia. Uno, sui trent'anni, è in tuta mimetica. «Devi avere visto troppi film degli anni Settanta», dice leggendo dalle mie spalle il taccuino. Gli chiedo perché non voglia farsi riprendere, di cosa ha paura. Certo, penso, la divisa militare potrebbe evocare nella mente degli spettatori scenari di un Ventennio ormai concluso, ma il problema, dice, è un altro: «Non voglio che mio *papi* mi veda con la birra in mano». I suoi compagni – di partito, s'intende – rimangono seri in volto. A me, vista l'età, la motivazione da "bamboccione padano" fa ridere. A loro per niente.

Sì alla divisa da uomo forte, ma la birra in mano «non sta bene», invece. E giornalisti sono generalmente definiti «comunisti» se non mostrano partigianeria verde.

Allo stand di Cornaredo alcuni ragazzi vendono la birra che hanno imbottigliato con l'etichetta di «Pontida 2010». Quali film guardate?, chiedo. Silenzio. «*Il Gattopardo*, i classici», risponde uno di loro rompendo il ghiaccio. E qualcosa di più recente? «Mica guardo la Gerini o Verdone», si difende. E poi cala la scure in linea antiglobalizzazione: «Mica mi dirai che esiste un bel cinema oggi? Quello lì americano non mi piace. E poi, ci sono i film di destra e di sinistra. Ad esempio uno che non mi è piaciuto perché è di sinistra è *L'Onda*». Il sedicente film "rosso", tratto da una storia vera, racconta l'esperimento del professore Rainer Wenger che, per spiegare ai suoi studenti il significato di autocrazia, applica in classe il metodo e le regole del regime dittatoriale. Il risultato è una deriva catastrofica. Secondo i padani questo film è "di sinistra". E sulle letture? Nulla, nessun libro. Tabula rasa.

Un ragazzo di Cornaredo, orgoglioso della sua amministrazione comunale leghista visto che «i sinistroidi ci hanno lasciato sedici milioni di euro di debiti», spiega di aver promosso una petizione per avviare «corsi di tradizione e dialetto locale, che non bisogna perdere».

Non accettano nessun paragone con la sinistra, molle e inconcludente; stimano Luca Zaia e Flavio Tosi ma assicurano che il futuro è Roberto Maroni. «E te lo dico io», mi assicura un giovane artigiano. «Se Maroni diventa il leader allora andiamo alle elezioni con il Partito Democratico». Sotto il tendone dell'Emilia, surrogato padano della Festa dell'Unità, i militanti con l'elmo da vichingo "forano" le salsicce da mettere sulla griglia. Due pezzi a due euro, una bella grigliata mista a dieci. I dirigenti, tra segretari provinciali e cittadini, servono ai tavoli e preparano i caffè per tutti, mentre Angelo Alessandri arriva in felpa e jeans, conosce tutti e si siede al tavolo con altri militanti. Arriva anche Matteo Salvini nella fossa dei leoni, dopo l'*annus horribilis* di Pontida 2009. Bonari e ridanciani lo accolgono con pacche sulle spalle e lo provocano col coro antinapoletani. Salvini scuote la testa e sigilla la bocca per attaccare con «Cannavaro, alè» ed evitare altre beghe di partito causa telecamere e registratori. Appena accennano il refrain antinapoletani, il segretario di Modena Stefano Bellei cerca bonariamente di coprire il mio microfono. Mi divincolo e registro. In aggiunta all'erculeo Alberto da Giussano a fianco del palco, sopra le tende di Bérghem trionfa l'insegna luminosa che riproduce la silhouette del condottiero. Kitsch, con la spada in alto, mentre intorno continuano i cori sulla secessione. Si anima il rave di provincia, aumenta il volume della musica, si accumulano fango e bottiglie vuote.

La festa procede fino alle sette del giorno dopo e oltre. La domenica mattina, sotto i tendoni, giovani e adulti sono ancora in preda ai postumi dell'alcol. Tutto è sotto controllo, nessun tafferuglio o disordine. Solo occhi lucidi e gonfi e lambrusco, vino e birra a colazione, per proseguire fino alla fine. Incontro a uno stand un ragazzo delle otto Camicie Verdi che nel settembre 2009 a Venezia aggredì un cameriere albanese alla Briccola in Calle degli Specchieri, dietro a piazza San Marco. Con l'orgoglio negli occhi, anche se le parole vorrebbero mitigarlo, ammette di essere ancora ubriaco dal giorno prima. Talmente tanto alticcio «che non riesco neanche a trovare la tenda, stanotte non so dove ho dormito». Camicia verde dentro i jeans, in una mano tiene un fiasco di vino rosso e nell'altra il sigaro. Ha intorno ai cinquant'anni, è un operaio che vive a dieci minuti da Pontida. «Ho preso due settimane di ferie per venire qui, come tutti gli anni. Rimango una settimana tra l'inizio e la fine dei lavori, a smontare tutto ce ne vuole». Chiede se è la mia prima volta a Pontida e se andrò a settembre a Venezia. «Eh, io non ci posso andare per il casino che ho fatto l'anno scorso, ma ci vado lo stesso. Sai cosa faccio? Scendo a Mestre e prendo il treno da lì». L'anno scorso infatti ha spaccato setto nasale, due braccia e una gamba al cameriere albanese che ha aggredito, secondo la sua versione, «perché eravamo arrivati lì per mangiare e non ci ha voluto servire». Per questo rischia «minimo quattro anni di galera». La versione ufficiale dell'aggressione di Venezia è diversa: un leghista era entrato, ubriaco, in camicia verde, battendo i pugni sul bancone e urlando slogan razzisti. Il cameriere lo ha allontanato e a quel punto, mentre gli gridavano di mostrare il permesso di soggiorno, altre sette Camicie Verdi sono entrate e hanno sfasciato il locale. I due camerieri hanno riportato lesioni guaribili in trenta e sette giorni[2]. I bersagli politici dell'uomo sono chiari: immigrati da eliminare anche con la forza, squadre avversarie dell'Atalanta che meritano la stessa fine, romanisti della peggior specie. Si salvano dalla geenna solo Bergamo e provincia, «ma anche lì poi ci sono delle differenze». Sente l'accento emiliano e mi chiede se anche io voglio cacciare Ferrara in Romagna, «perché l'Emilia non se la merita, lì la gente è diversa». Prima, da ex ultrà dell'Atalanta andava «a Roma in trasferta per menare i romani» e oggi progetta il suo viaggio non autorizzato a Venezia con lo spirito di un novello Indiana Jones fuorilegge. Un prototipo di militante in linea con la doppia faccia della Lega, che parla di federalismo ma canta solo i cori secessionisti, che dice di essere moderata ma rifiuta l'ingresso delle telecamere nel campeggio, che «nel territorio fa la moralizzatrice per interpretare le ragioni del Nord e in realtà però il governo sostiene la cricca», (come ha spiegato Rosy Bindi all'indomani di Pontida[3]), che scomunica Maurizio Grassano subentrato a Roberto Cota alla Camera e accusato di truffa aggravata e falso e non interviene però sulla nomina di Aldo Brancher, coinvolto in Tangetopoli e nominato ministro dell'Attuazione del federalismo.

La domenica mattina i ragazzi inaugurano un'altra giornata di pioggia con le birre in mano. Seguono gli slogan gridati dal sacro prato mentre Calderoli, Zaia, Cota, Maroni e infine Bossi infiammano i militanti al grido di "Padania libera". Sotto il tendone-bar la passione politica, cori a parte che risvegliano dal torpore, è più rarefatta. Birra, salamelle e vin brulé a colazione. Altro che cous cous.

Mario Borghezio arriva accompagnato da un militante della sezione bretone che gli regge l'ombrello sotto la pioggia mentre, fradicio e noncurante, si presta agli scatti dei fotografi a fianco di un bergamasco travestito da indiano delle riserve. Grida al cielo «Siamo longobardi, celti siamo!», e invita Massimiliano Bastoni ad avvicinarsi al cherokee padano («Max, vieni anche tu a fare la foto, non vergognarti!»). Poi appoggia sul banco dell'area stampa le sue riviste, «Borghese del Nord», con l'Oroscopo di Umberto Bossi, e «War Raok!» dei bretoni. «Buongiorno, buongiorno, queste sono per i giornalisti non datele alla gente. Loro se vogliono li comprano», si raccomanda in zona accrediti, poi torna sotto la pioggia battente per le ultime foto. La radio del Carroccio intanto, trasmette la diretta e domani, anche se al lunedì non va mai in edicola, uscirà «La Padania».

Note

[1] *Fini: "Propaganda leghista da contrastare. Mette a rischio la coesione nazionale"*, in «repubblica.it», 21 giugno 2010.

[2] *"Botte dai leghisti perché albanesi". Aggrediti due camerieri a Venezia*, in «la Repubblica», 14 settembre 2009.

[3] APCOM, 20 giugno.

Ringraziamenti

Grazie a Fabrizio Falconi. Senza di lui questo libro non sarebbe stato scritto.

A Ferruccio Pinotti, per l'avallo della coppia vincente Lisbeth Salander-Mikael Blomkvist e per il suo impegno civile.

Ad Alessandra Penna e alla Newton Compton per l'entusiasmo e la fiducia.

Ai miei, Ermanno e Lisetta, per lo sforzo della comprensione.

A Paolo Tomassone, Davide Lombardi e Stefano Aurighi che hanno documentato su quattro ruote i successi della Lega in Emilia Romagna.

Ad Antonio, per il calcolo delle battute a notte fonda.

Ai ragazzi del campeggio di Pontida, a Gabriele, e al tecnico di Radio Padania che mi ha offerto il vin brulé sotto la statua di Alberto da Giussano.

A Giulia, Paolo, Edoardo e Stefano, per avere sondato l'umore e la prosecuzione dei lavori.

A Silvia, per il suggerimento di un rifugio creativo all'estero.

A David Graham, Jane Tait, Elizabeth e a tutti i Robert di Pittenweem. *Your kindness made the difference.*

Ai colleghi, giornalisti e blogger, che con grande professionalità seguono le vicende della Lega Nord.

Ai baroni e ai dinosauri, perché si facciano da parte.

A chi ha deciso per necessità di lasciare questo Paese, perché un giorno trovi le condizioni per tornare.

Alla mia generazione, perché, lontana da moralismi e paure, sappia creare una classe politica fondata sul merito.

Bibliografia

MARCO ALFIERI, *Nord terra ostile*, Marsilio, Venezia 2008.

STEFANO ALLIEVI, *Le parole della Lega, il movimento politico che vuole un'altra Italia*, Garzanti, Milano 1992.

GIUSEPPE BERTA, *Nord*, Mondadori, Milano 2008.

ALDO BONOMI, *Il rancore. Alle radici del malessere del Nord*, Feltrinelli, Milano 2008.

ENZO CARNAZZA, *Il Carroccio tradito*, Bietti, Milano 2008.

GIUSEPPE CIVATI, *Regione Straniera, Viaggio nell'ordinario razzismo padano*, Edizioni Melampo, Milano 2009.

LUCIANO COSTANTINI, *Dentro la Lega. Come nasce, come cresce, come comunica*, Koinè, Roma 1994.

ILVO DIAMANTI, *Il male del Nord. Lega, localismo, secessione*, Donzelli, Roma 1996.

CRISTINA GIUDICI, *Leghiste. Pioniere di una nuova politica*, Marsilio, Venezia 2010.

ROBERTO IACOPINI - STEFANIA BIANCHI, *La Lega ce l'ha crudo*, Mursia, Milano 1994.

PIERO IGNAZI, *La fattoria degli italiani. I rischi della seduzione populista*, Rizzoli, Milano 2009.

RICCARDO ILLY, *Così perdiamo il Nord*, Mondadori, Milano 2008.

FRANCESCO JORI, *Dalla Liga alla Lega. Storia, movimenti, protagonisti*, Marsilio, Venezia 2009.

CLAUDIO LAZZARO, *Camicie Verdi. Bruciare il tricolore*, distribuito da Dolmen Home Video, 2006.

GIANFRANCO MIGLIO, *Io, Bossi e la Lega*, Mondadori, Milano 1994.

EDOARDO NOVELLI, *La turbopolitica*, BUR, Milano 2006.

NICOLA PANOCCHIA - MAURIZIO BOSSOLA - GIACOMO VIVANTI, *Transplantation and Mental Retardation: What Is the Meaning of a Discrimination?*, in «American Journal of Transplantation», aprile 2010.

GUIDO PASSALACQUA, *Il vento della Padania*, Mondadori, Milano 2009.

FERRUCCIO PINOTTI - UDO GÜMPEL, *L'Unto del Signore*, BUR, Milano 2009.

LUCA RICOLFI, *Illusioni italiche. Capire il Paese in cui viviamo senza dare retta ai luoghi comuni*, Mondadori, Milano 2010.

GIAMPIERO ROSSI - SIMONE SPINA, *Lo spaccone. L'incredibile storia di Umberto Bossi padrone della Lega*, Editori Riuniti, Roma 2004.

PAOLO RUMIZ, *La secessione leggera*, Feltrinelli, Milano 2001.

ADALBERTO SIGNORE - ALESSANDRO TROCINO, *Razza padana*, BUR, Milano 2008.

PAOLO STEFANINI, *Avanti Po*, il Saggiatore, Milano 2010.

GIAN ANTONIO STELLA, *Dio Po*, Baldini & Castoldi, Milano 1996.

ID., *Negri, froci, giudei & Co. L'eterna guerra contro l'altro*, Rizzoli, Milano 2009.

GIULIO TREMONTI, *La paura e la speranza,* Mondadori, Milano 2008.

DANIELE VIMERCATI, *I lombardi alla nuova crociata*, Mursia, Milano 1990.

DANIELE VIMERCATI - UMBERTO BOSSI, *Vento dal Nord: la mia Lega, la mia vita*, Sperling & Kupfer, Milano 1992.

IID., *La Rivoluzione. La Lega: storie e idee*, Sperling & Kupfer, Milano 1993.

IID., *Tutta la verità*, Sperling & Kupfer, Milano 1995.

IID., *Il mio progetto: discorsi su Federalismo e Padania*, Sperling & Kupfer, Milano 1996.

IID., *Processo alla Lega*, Sperling & Kupfer, Milano 1998.

Indice dei nomi

Indice

In questa collana:

TIM C. LEEDOM – MARIA MURDY (a cura di), *Il libro che la tua chiesa non ti farebbe mai leggere*

JOACHIM BOUFLET, *La storia segreta di padre Pio*

ALAN BEATTIE, *Economia bastarda*

SHMULEY BOTEACH, *Il libro che Michael Jackson avrebbe voluto farti leggere*

VINCENZO CERUSO, *Il libro che la mafia non ti farebbe mai leggere*

LYNN PICKNETT – CLIVE PRINCE, *Il libro che Gesù non ti avrebbe mai fatto leggere*

GIUSEPPE CARRISI, *Gioventù camorrista*

PATRIZIA FINUCCI GALLO, *I love Islam*

ROBERT WRIGHT, *L'evoluzione di Dio*

KLAUS WERNER-LOBO – HANS WEISS, *I crimini delle multinazionali*

CLAUDIO RENDINA, *L'oro del Vaticano*

MASSIMILIANO PARENTE, *La casta dei radicalchic*

LUCIO CILLIS, *Tutto quello che avresti voluto sapere su Alitalia e nessuno ti ha mai raccontato*

BRIAN D. MCLAREN, *Le dieci domande che cambieranno la Chiesa*

GIANNI FLAMINI, *Il libro che i servizi segreti italiani non ti farebbero mai leggere*

DAVID PERLUIGI, *Fannulloni. L'Italia che non lavora*

RAFFAELLA NOTARIALE – SABRINA MINARDI, *Segreto criminale. La vera storia della banda della Magliana*

ILARIA DONATIO, *Opus gay. La Chiesa cattolica e l'omosessualità*

MIMMO TORRISI – GIANLUCA SCHINAIA, *Lavori in corso. Perché in Italia si inizia ma non si finisce mai niente*

ILARIA DONATIO

OPUS GAY

Ilaria Donatio è nata a Lecce e vive a Roma, dove lavora come giornalista freelance. In passato è stata nella redazione online di «Reuters Italia», in quella di «Formiche» e ha collaborato con la web TV dei Radicali. Oggi scrive per diverse testate, tra cui «MicroMega» e «l'Unità», occupandosi in particolare di cultura gay e società civile.

Controcorrente n. 79, pp. 240, euro 9,90

Da anni la Chiesa cattolica assume una posizione di pubblica condanna nei confronti degli omosessuali. Ma, al tempo stesso, afferma che gay e lesbiche non debbano essere discriminati. Le gerarchie ecclesiastiche sembrano usare in materia un doppio registro: l'omosessualità è insostenibile a livello ufficiale ma si può tollerare sul piano privato, se non ostentata pubblicamente. Un esempio significativo di come la "Chiesa dei no" si ponga di fronte al proprio popolo, spesso in contraddizione con la stessa Parola dei Vangeli. Ma che ruolo hanno oggi i gay nella comunità dei credenti? Questo libro-inchiesta vuole portare alla luce tale divario, denunciando l'ipocrisia che si annida nelle dichiarazioni degli organi clericali ufficiali, ma dando anche voce ai tanti omosessuali che di questa Chiesa, nonostante tutto, vorrebbero far parte. Ilaria Donatio – giornalista che da anni si occupa di diritti civili – ripercorre le storie difficili e contraddittorie di religiosi e fedeli gay e lesbiche, per arrivare ad affrontare il tema della morale sessuale nel cattolicesimo. L'autrice, attraverso un'analisi delle posizioni assunte dal Magistero e di quanto previsto dalle Sacre Scritture e dal diritto canonico, ricostruisce il panorama attuale dell'acceso dibattito su fede e omosessualità.

NEWTON COMPTON EDITORI